▶動画付き

勝つ！卓球

ペンホルダーの極め方

第19回アジア競技大会
日本代表

松下大星 監修

試合を制する **50** のコツ

Mates-Publishing

JN074583

はじめに

　「ペンホルダー」とは、ペンを持つようにして握るグリップ形状であること
から名付けられた、卓球ラケットのひとつです。ペンホルダーを使用する選手
は日本や中国、韓国をはじめとしたアジアに多く、最近ではヨーロッパでも使
用する選手が増えつつあるラケットと言えます。

　ペンホルダーのラケットには、おもに日本式と中国式があり、片面だけにラバー
を貼り、フォアハンドもバックハンドも同じ面で打つ日本式と、両面にラバーを
貼り、フォアハンドとバックハンドが違う面で打てる中国式があります。

　私がなぜペンホルダーのプレーヤーになったかというと、父がペンホルダー
の卓球選手であり、その影響といって良いかもしれません。むしろ、気がつい
たら「ペンのラケットを握ってた」というぐらい、小さい頃からペンホルダー
で卓球をプレーしています。

　ジュニアから卓球に熱中していく過程では、ほんの少しですがシェークハン
ドのラケットも握ったことはあります。しかし、シェークハンドの選手のなか
に入ってしまうと、大多数のなかにいる「普通の選手」になってしまう気がし
たのも確かです。

　一方、ペンホルダーのラケットを握れば、唯一無為のプレーヤーになれるよ
うな、そんな魅力があるのは言うまでもありません。それほどペンホルダーに
は、極めれば上達できる、自分を高めてくれる可能性が秘められています。

　本書は「ペンホルダー」で上達するためのテクニックや考え方を解説してい
ます。もうすでにペンホルダーでプレーしている人はもちろん、これからどん
なラケットでプレーするか迷っている人にも、参考になる基本的なアドバイス
を掲載しています。私の経験とノウハウが、みなさんの卓球ライフにおいて一
助になれば幸いです。

アジア競技大会日本代表　　松下大星

この本の使い方

　この本では、卓球のペンホルダーラケットで上達するためのコツを50紹介しています。ラケットの握り方や基本打法、台上技術、サービスの出し方、戦型と戦術の考え方まで様々な知識やポイントを掲載し、着実にレベルアップできる内容になっています。

　各ページにはテーマがあり、テクニックを習得するためのコツとポイントが写真を使いわかりやすく記載されているので、ペンホルダー上達に必要な知識や技術が、ステップを踏みながら理解できます。

　自分の得意なところや興味のある分野、あるいは苦手なテクニックなど注目したい項目は、注意深くチェックしてみましょう。

動画で CHECK!

　二次元コードは、スマートフォンやタブレットなどの端末から読み取ることで、テクニックの動画を見ることができる。

メイン・連続写真

　コツやテクニックに関する詳しい知識や、動作などを松下大星選手がモデルとなり、連続写真でレクチャーする。

解説

　テーマ・タイトルと連動してプレイヤーとしてレベルアップするためのセオリーや考え方を解説。じっくり読んで頭で理解しよう。

コツ
12
フォアハンドドライブ
ボールを下からこすって前進回転をかける

ボールを下から上へこすりあげ、ボールに前進回転（ドライブ）をかける

弧を描くように勢いよくボールを飛ばす

　強く前進回転をかけるドライブは、攻撃の軸となる重要なストローク。回転がかかったボールは弧を描くように飛ぶため、オーバーミスが少なく、ラリーで優位に立つことができる。

　基本のストロークよりも腰を低く下げてバックスイングをとる。このとき、利き腕側の足にしっかり重心を乗せ、タメをつくることがポイント。十分な腰のひねりが勢いのあるスイングにつながる。うまくタイミングを合わせ、ラケットをボールにかぶせ気味にしながら、ボールを下からこすり上げるようにインパクトする。体全体を使うことで球威が増す。

32

PART2　ペンホルダーの基本打法

POINT 1

腰をまわしながら深く沈み
利き腕側の足にタメをつくる

　利き腕と反対側の足を半歩前に出し、
腰をまわしながら上体を捻ってバックス
イングをとる。このとき、利き腕側の足
に重心をかけ、しっかりタメをつくると
スイングに勢いが出る。腰は台の下に隠
れるぐらい深く沈むことが理想だ。

POINT 2

重心を体の中心に移動させて
ラケットを振り上げる

　捻った腰を正面に戻しながらスイング
する。利き腕側の足にある重心を体の中
心に移動させるとともに、低い位置から
勢いよくラケットを振り上げる。ヒザを
伸ばし切ると、目線がブレやすくなるの
で、腰の位置は極端に上げないこと。

POINT 3

体全体を使ったスイングで
ボールをこすり上げる

　ラケットの面をややかぶせ気味にし
て、ボールを下からこすり上げるように
インパクトする。この動作により、前進
回転（ドライブ）がかかる。腕だけでは
なく、体全体を使ったスイングを意識す
ると、ボールへの回転力や球威が増す。

+1 プラスワン アドバイス

回転の少ないドライブで
相手を惑わせる

　スイングのスピードは落とさずに、
あえて回転をあまり加えない打ち方は、
やや難易度が高いテクニック。ラケッ
トを持つ手の手首近くや面の下方に
ボールを当てた瞬間、ラケットを返し
てスイングする。相手は通常のドライ
ブと見分けがつきにくい。

33

CONTENTS

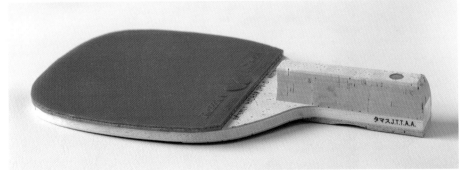

PART5　ペンホルダーを生かした戦術をマスターする

PART
1

ペンホルダーの特徴

ペンホルダーラケット
ペンホルダーラケットの特徴を知る

シェークハンド　　　　　　　　　　　　　　　ペンホルダー

ペンホルダーとシェークハンドのラケットの違い。
グリップの形状と表裏のラバーの使い方に特徴がある。

ペンのように握る、握手するように握る違いのラケット

　卓球のラケットは大きく二つに分類される。そのひとつの「ペンホルダー」は、ペンを持つようにして握るタイプのラケット。おもに日本式ペンホルダーと中国式ペンホルダーに分類され、親指と人差し指で支え、片面にラバーを貼り、その面だけでボールを打つラケットとして広まっている。しかし、近年では両面にラバーを貼るタイプのペンホルダーラケットを使用する選手が日本国内、世界でも活躍している。

　これに対して「シェークハンド」とは、握手するように握るタイプのラケット。世界では数多くのプレーヤーが選んでいる。

POINT 1

ペンを持つように握る
タイプのラケット

　ペンホルダーのラケットは、アジア諸国を中心に普及している。日本式ペンは、片面のみにラバーを貼るタイプのラケット。中国式ペンは、表と裏にラバーを貼り、シェイクハンドと同様の打球テクニックが可能になる。

POINT 2

シェイクハンドが人気に
ペンホルダーが減少する

　1980年代までは日本を中心に、アジアの選手の多くがペンホルダーを選択していた。1990年代になると、シェークハンドのラケットを使用する選手が増え、ペンホルダーの弱点が研究され、使用する選手が減少していった。

POINT 3

中国トップ選手を筆頭に
活躍するペンホルダー

　ペンホルダーの弱点とされるバックハンド技術を補うために裏面打法が開発された。特に中国選手たちは、ラバーを両面に貼った「ペン両ハンドドライブ型」でトップレベルの実績を残している。近年では、ドイツやフランスなどヨーロッパでも使用する選手が増えている。

プラスワン アドバイス +1

ラケットを握ってボールを
打球する感覚を確かめる

　卓球の初心者が「ペンとシェーク、どっちがいい？」という疑問があったとき、アドバイスしてくれるまわりのプレーヤーを見渡した結果、シェークハンドのラケットを選択する人が多いようだ。まずはラケットを握って自分自身で打球した感覚を確かめよう。

ペンホルダーのメリット
ペンホルダーの良さを知って使う

ペンホルダーのラケットは、どういう点でシェークハンドに優っているのか理解する。

新しいラケットの開発により勢力分布が変わる !?

シェークハンドのラケットを使うプレーヤーが増える一方で、ペンホルダーのプレーヤーが減少している。特に片面打ちのラケットしかない時代は、「ペンホルダーが不利」とされる考え方もあったからだ。

これは片面打ちのペンホルダー特有の

バックハンドの使い方や動作的にどうしても打てない、台上技術があることに理由する。しかし、現代は裏面を使うことができるペンホルダーラケットが開発され、シェークハンドとの差はなくなり、ペンホルダーでもトップ選手として活躍できる状況がある。

POINT 1

繊細なラケット操作と
ヘットの走りで打球スピードを高める

　ペンホルダーは指でラケットを握る点で、シェークハンドよりも微妙なラケット操作ができる。相手ボールの回転を見極め、微調整して返球したり、手首が自由に使える点でヘッドスピードをあげることができる。

POINT 2

自分自身にあったグリップの
握り方を見つける

　裏面で打つテクニックが使えても、繊細なグリップワークは、簡単にマスターできない。基本はひとつでも、フィーリングは人それぞれに違う。トップ選手のグリップを参考に自分自身にあった握り方をみつける。

POINT 3

情報不足の相手に
対して優位に試合を進める

　シェークハンドのプレーヤーにとっては、ペンホルダーがどんなテクニックがあり、どんな球質のボールを打つのか、という部分で情報が不足している。手首の動作に自由が効く、ペンホルダーの台上技術は相手にとって脅威となる。

プラスワン +1 アドバイス

デメリットを理解して
弱点を克服する

　ペンホルダーの弱点とされるのがフォアハンドとバックハンドの切り返しの部分。フォア・バックに均等に構えるシェイクハンドに対してやや対応が遅くなる。後陣で打ち合う大きなラリーの場合、パワー勝負ではシェークハンドがやや優勢だ。

ペンホルダーラケットの種類
自分に合うタイプのラケットを選ぶ

日本式ペンホルダー

ブレードは『角型』といわれる角を落とした楕円形タイプや「角丸型」「丸型」などというやや丸みを帯びたタイプがある。

中国式ペンホルダー

反転式ペンホルダー

ブレードの厚さと形状が特徴。先端が円形でフォアハンドとバックハンドの切り替えがスムースで、両面で打てる構造になっている。

日本式ペンホルダーと同タイプで、両面にラバーを貼ることができるよう設計されている。ブレードは『角丸型』が多く選ばれている。

日本式ペンホルダー

人差し指をかけるように握ることができる。この部分にはコルクが用いられているラケットが多い。日本式ペンホルダーを使用する選手の多くは、ドライブ主戦型のプレースタイルが多い。

中国式ペンホルダー

材質にコルクなどは使わず、回転のかけやすさが特徴のラケット。裏面にもラバーを貼って打つため、どちらかというとシェークハンドラケットに似たタイプと言える。

反転式ペンホルダー

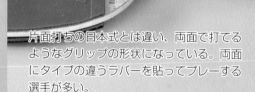

片面打ちの日本式とは違い、両面で打てるようなグリップの形状になっている。両面にタイプの違うラバーを貼ってプレーする選手が多い。

片面か両面打ち、グリップの形状などで選ぶ

「ペンホルダー」のラケットには、大きく分けて三つのタイプがある。もっともオーソドックスなのが「日本式ペンホルダー」というタイプ。ラバーは片面に貼って、フォアハンドとバックハンドを同じ面で打つ。

「中国式ペンホルダー」は、両面にラバーを貼って打つことができるタイプ。ネーミング通り、中国で開発され同国のトップ選手たちが使用している。

「反転式ペンホルダー」は、日本式ペンホルダーのグリップの特徴を生かしつつ、両面でボールが打てる構造になっている。

15

ペンホルダーのラバー
プレースタイルに合わせてラバーを使いわける

左は日本式、右はフォア面
とバック面にそれぞれラ
バーを貼る中国式。

両面打ちは赤と黒の2色を使用するのが主流

　ラバーとは、ボールが当たる部分のゴム製のシートと、その下にあるスポンジの総称。「裏ソフト」「表ソフト」「ツブ高」「一枚ラバー」などのラバーがあり、厚さはシートが2ミリまで、シートとスポンジを合わせて4ミリ以内とされている。

　現代卓球では、回転をかけやすく、幅広いプレーに対応する裏ソフトが主流。前陣速攻ならば表ソフト、ブロックやカットなどの守備を重視するならツブ高が有効だ。両面に貼る場合は表裏異なる色にしなければならないため、両面打ちのペンホルダーラケットでは一方が赤、もう一方は黒が一般的。

シートの主原料はゴム
赤と黒色が主流

ラバーのシート部分は天然ゴムまたは合成ゴムが主原料で、赤と黒が主流。異なる性質の同色ラバーをそれぞれの面に貼ると、相手選手が見分けられなくなることから、ラケットの両面は異なる色にしなければならない。

ラバーの特性を知り
自分の目指す卓球に生かす

ラバーは、裏ソフトラバーが主流で、表ソフトラバーやツブ高ラバーも一般的（詳細はP18〜21で）。他にも、表ソフトラバーからスポンジを除いた「一枚ラバー」や、表面がつるつるで摩擦がない「アンチスピンラバー」もある。

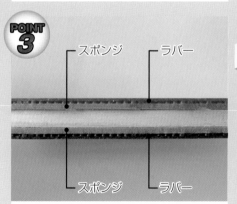

スポンジ　　　ラバー

スポンジ　　　ラバー

スポンジは厚いほどよく弾み
スピードが出る

スポンジ部分は、厚さがコントロールや安定性に大きく関わる。特厚、厚、中、薄、極薄などがあり、その数値はメーカーによって多少異なる。基本的にはスポンジが厚いほどよく弾み、打球にスピードが出るが、その分、重くなる。

ラバーが痛んだら交換を
メンテナンスも心がけよう

ラバーの端（ラケット面の外周）が欠けたり、表面に傷が目立ってきたら替え時。卓球ラバー専用の接着剤を使って新品に交換しよう。このとき、全体的に均一の厚さになるようにしなければならない。専用のクリーニングフォームもあるので有効に活用したい。

裏ソフトラバー
ショットの回転を増して攻撃的に攻める

トップ選手の多くが使う
裏ソフトラバーは、回転
を多くかけやすく幅広い
テクニックに使用できる。

回転をかけやすくスピードもあり、オールマイティ

表面が平らでボールとの接触面積が大きく、かつ接触時間が長くなるため、回転をかけやすく、スピードも出る。ラバーにボールが食い込んで球離れが遅くなるので、相手からすると初速が遅く、だんだん速くなるという打球に感じる。幅広いテクニックに対応できる特性もあり、

攻撃型の選手を中心にトッププレイヤーの多くが使用している。

卓球は「回転のスポーツ」と言われるように、あらゆる局面で回転が関わる。扱いやすくオールマイティであると同時に、回転の感覚を覚えるためにも、初心者には裏ソフトラバーを推奨したい。

18

POINT 1

平らな表面により摩擦が大きく
球離れが遅くなる

　表面が平らで摩擦力が大きいため、ボールに回転をかけやすい。ただし、相手からの回転の影響を受けやすいという面もある。ボールとの接触面積が大きく、接触時間が長くなるため、ラバーにボールが食い込み、球離れが遅くなる。

POINT 2

回転を生かして
威力のある打球を打てる

　回転のかけやすさからサーブからのドライブを主体としたオールラウンドなプレーに向く。打球は初速がやや遅くなるが、回転が加わることで威力を出せる。ボールのコントロールがしやすく、初心者を含む幅広い層で使われている。

POINT 3

オールラウンド型に最適
ドライブやカットでも有効

　裏ソフトラバーは、多くの戦型で使える。とくに両面に裏ソフトラバーを貼り、ドライブやブロック、ロビング、カウンターなど多彩な技術を駆使するオールラウンド型は最適。ドライブ主戦型やカット主戦型も裏ソフトラバーが生きる。

＋1 アドバイス

同じ裏ソフトラバーでも
目的に沿ったものを選択可能

　裏ソフトラバーはいくつかの種類に分けられる。安定性が高く、伸びのあるドライブに最適な「高弾性・高摩擦系」、ボールを弾ませることに特化した「テンション系」、回転をかけやすい「粘着系」、コントロールしやすい「コントロール系」などがある。

表ソフトラバー
スピードを生かして試合を優位に進める

表ソフトラバーは、相手
の打ったボールの回転に
影響をされにくい。

相手ボールの回転の影響を受けず、スピードで勝負する

シートの粒の面を外向きにしてスポンジと貼り合わせたのが表ソフトラバー。裏ソフトラバーほど回転はかからないが、相手の打ったボールの回転に影響されにくいという利点がある。ボールとの接触時間が短く、球離れが早いので、前陣速攻型のようにタイミングの速さやスピードで勝負したい選手に向いている。

ただし、スピードが出る分、コントロールが難しい。そのため、裏ソフトラバーの面でラリーを組み立て、チャンスボールを表ソフトラバー側で仕留めるのが一般的。相手のサーブをフリックで返すという戦術も積極的にとることができる。

ツブ高ラバー
相手ボールの回転を利用して返球する

相手の打ったボールの回転
を利用して返球できるツブ
高ラバー。

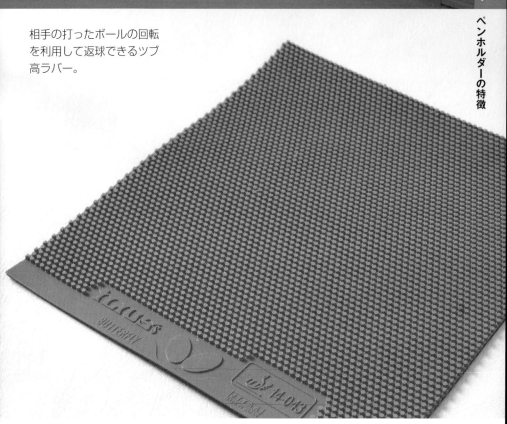

インパクト時に粒が倒れて、独特な変化をもたらす

ツブ高ラバーは、シートの粒が表ソフトラバーよりも細く高いのが特徴。自分から回転をつけるのは難しいが、インパクトしたときに粒が折れ、粒の側面でボールが滑るため、相手の回転を利用して返球できる。相手の回転が強いほど強い回転となり、相手のボールが上回転なら下回転、右回転なら左回転というように逆回転になって返る。

ボールの勢いを吸収しやすい構造から、ブロックやカットなどの技術もやりやすい。ナックル性のボールも出しやすく、相手を翻弄できる。バック面に貼るパターンが多い。

ペンホルダーのグリップ
正しい握り方でラケットを操作する

力を入れるのが「親指」か
「人差し指」かによっても
スイングの力の入れ具合が
調整できる。

指先の感覚を大事にラケットを握る

箸を使って食事する文化を持つ日本や中国、韓国はなどのアジアでは、指先で握るペンホルダーのラケットは、親しみやすい形状といえる。そのなかで日本式は、グリップ部分がコルクとなって厚みがあり、指を引っ掛けるように握る。

一方の中国式は、グリップが幅広く、厚みがないため親指と人差指の間をやや広げて、指でつかむように握るのが特徴だ。実際にボールを打つときは、指先の力の入れ具合が変わる。また片面で打つバックハンドか、裏面を使うバックハンドかによっても握り方が微妙に変わるので注意しよう。

POINT 1

フォアハンドで打つときは
人差し指に力を入れる

　ラケットの高くなったコルク部分のグリップを親指と人差し指で輪をつくり、つまむようにして握る。親指の第一関節と人差し指の第二関節がラケット面のフチにかかるように。フォアハンド面で打つ場合は、人差し指側にやや力を入れる。

POINT 2

指を軽く曲げて
裏面を支える

　バックハンド側は、中指と薬指、小指を軽く曲げて裏面を支えるようにして握る。手のひらにピンポン球がひとつ入るぐらいの空間を空けることが基本。片面のバックハンドでボールを打つ場合は、親指側に力が入るイメージになる。

POINT 3

親指と人差し指で
面と力加減をコントロール

　フォアハンド面の親指が浮いてしまっていると、ボールを打つときに力が入りにくく、微妙な面の調整もしにくい。バックハンド面は、指が伸びきってしまうと均等な力でラケットが支えきれず、打球面も小さくなり打ちにくい。

＋1 アドバイス

片面バックハンドは
親指を外すようにして打つ

　片面打ちのペンホルダーの場合、フォアハンドとバックハンドを同じ面で打つ。バックハンドは、親指をコルクのグリップから外すようにして握り、ボールを打球する。指の動きのスピードと巧さがポイント。フォアハンドからの切り返しが遅いとバックハンドを狙われる。

構え方
すばやく動ける待球姿勢を作る

前　　　　　　　　横

肩やヒザの力を抜き、リラックスした状態で構える

　ボールを待つときの構え（待球姿勢）は、すばやく反応して動けることが最重要。両足は肩幅よりやや広めに開き、平行あるいは利き手と逆の足を半歩前に置く。ヒザを軽く曲げて腰を落とし、やや前傾姿勢に。両ヒジは直角ぐらいの角度で構えると、フォア側、バック側のどち

らにでも瞬時に対応できる。

　台からの距離は、構えたときにラケットがエンドラインにちょうど触れるあたりが適当。ただし、ラリーが始まると、立ち位置は自分の戦型によって変わる。また、相手の得意ショットを考慮し、立ち位置を試合の中で微調整する必要もある。

極端に寄らず
ラケットは台より高く構える

　ペンホルダーではフォア側を空けて、バック側に寄る選手もいる。両手打ちのペンホルダーや、バックのリーチが伸びるプレイヤーは中央が基本。ボールがくる直前は、ラケットは台より高い位置にし、台上の短いボールに対応する。

レシーブ時の立ち位置が基本
ラリーでは戦型に応じて

　台からの距離は、構えたときにラケットがちょうど台に触れるあたりで構える。ラリーが始まると、「前陣」は台から1メートル以内に、「中陣」は台から1〜2メートルに、「後陣」は台から2メートル以上離れた位置でプレーする。

ラケットを持たない方の手は
ラケットに近い位置に

　構える際、フリーハンド（ラケットを持たない方の手）をおろそかにしないこと。ラケットと同じ高さで、脇をコブシ1個分空けるのが理想。試しにフリーハンドを下げて構えてみると、バランスが取りにくいことがわかる。

すばやく動けない姿勢では
理想の卓球にはならない

　両足が揃ったり、ヒザが曲がっていない、上体が立ったまま、前傾のしすぎなどは、すばやく動くことができない。ラケットやフリーハンドの位置が低すぎてもいけない。正しい待球姿勢と立ち位置をしっかり身につけよう。

上回転と下回転

　卓球は「回転のスポーツ」とも言われ、ボールの回転がプレーに大きな影響を与える。本書では様々なショットにおいて「回転のかけ方」を解説しているが、ここでは相手が回転をかけてきたときのバウンド後のボールの変化や対応について整理しておく。

上回転

相手が上回転（ドライブ）をかける

軌道
空気抵抗を受けて下に沈むような曲線を描く

バウンド後
前に進もうとする

普通に打ち返すと上に跳ね上がるので、面をかぶせるように返球するのが基本

下回転

相手が下回転（バックスピン）をかける

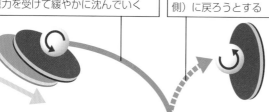

軌道
浮かび上がる力が働くが、実際には重力を受けて緩やかに沈んでいく

バウンド後
後ろ（進行方向と反対側）に戻ろうとする

普通に打ち返すと下に落ちるので面を上に向けて同じ下回転をかけるか、上方向にスイングするのが基本

PART
2

ペンホルダーの基本打法

基本ストロークを軸にラリーを組み立てる

フォア

バック

フォアハンド・バックハンドの両方でクオリティーをあげる

　ペンホルダーの打法には、ラケットを持った利き手側に来たボールを打つ「フォアハンド」と、その逆側のボールを打つ「バックハンド」のストロークがある。ペンホルダーの場合、フォアハンドとバックハンドを同じ面で打つラケットと別々の面で打つラケットがある。

　台からやや離れて打つ技術では、ドライブが基本的な打法。基本ストロークを軸に様々なショットを織り交ぜながらラリーを組み立てていく。特に強い前進回転をかけるドライブは、攻撃の軸となる。バックハンドでは裏面を使ったドライブで、決定打へとつなげていきたい。

POINT 1

強打のフォアハンドで
相手を追い込む

　ドライブは強い前進回転をかけることで攻撃の軸となるストローク。フォアハンドでは上体を沈ませてタメをつくり、山なりのボールとなるループ系、やや強いインパクトによりスマッシュに近い軌道となるスピード系のドライブなどがある。

POINT 2

片面のバックハンドは
フットワークでカバーする

　片面だけで打つバックハンドは、やや窮屈なバックスイングとなり、ボールに対しても手を伸ばすことができる範囲が狭いと言われる。フットワークを使ってすばやく打球点に入り、強いボールを返球できるようトレーニングする。

POINT 3

両面打ちからの
バックハンドは武器になる

　両面を使うことができるペンホルダーの場合、シェイクハンドと同じ条件でバックハンドのストロークを打つことができる。バックハンドからのドライブは、強烈な打球となって決定打になる。テクニックに磨きをかけて試合で使おう。

プラスワン アドバイス

台からの距離の違いで
プレースタイルが変わる

　卓球台からどれくらい離れてプレーするかで、「前陣」「中陣」「後陣」に分類される。前陣は台から約1メートル以内、中陣は1〜2メートル、後陣は2メートル以上。これはあくまでも目安であり、ラリーや試合展開、相手によって前後する。

重心移動して頂点近くでインパクトする

動画をチェック！

コンパクトなスイングから
しっかりボールをミートし、
高い精度の打球を心がける。

強打せず狙ったところにボールをコントロールする

フォアハンドのストローク（ロング）は、あらゆる打法の基礎となり、使用頻度が最も高いテクニック。台から30センチ以上離れた場所に立ち、待球姿勢で相手の動き（回転のかけ方など）をよく見る。

ボールにタイミングを合わせ、利き腕側の足に重心を乗せながら、ラケットを後方に引いてバックスイングをとる。

重心を反対の足に移動させつつ、コンパクトかつすばやくスイング。インパクトはボールが頂点もしくは頂点より前のところを狙う。まずは強く打つよりも丁寧にコントロールすることを意識し、打ち終わったらすぐに待球姿勢をつくる。

POINT 1

利き腕と反対側の
足を少し前に出す

　スタンスは肩幅よりやや広くし、利き腕と反対側の足を半歩前に出す。両足のつま先は軽く開いておくと、バックスイングの際に上体をスムーズに捻ることができる。すばやく動けるように、かかとが少し浮いているぐらいがよい。

POINT 2

バックスイング時には
利き腕側の足に重心を乗せる

　両ヒザは少し曲げてリラックスした体勢から、利き腕側の足に重心を乗せながらバックスイングをとる。腕だけでラケットを引くのではなく、腰を起点に上体をしっかり捻ること。体全体を使うと、安定感のある打球になる。

POINT 3

重心を反対の足に移しながら
コンパクトにスイング

　利き腕側の足に乗せた重心を、反対の足に移動させながらスイングする。インパクトはボールが頂点もしくは頂点より前を狙う。ヒジは直角くらいをキープし、相手のボールの威力を利用すると力まずにインパクトできる。

プラスワン アドバイス +1

上体がスムーズに
捻ることができる足位置

　利き腕側の足を大きく前に出したスタンスは NG。上体をスムーズに捻ることができず、いわゆる〝手打ち〟になってしまう。左右の足を台に対し、平行に置くことも重心移動がしにくいフォーム。足の位置によって上体の捻りがどうなるか試してみよう。

フォアハンドドライブ
ボールを下からこすって前進回転をかける

動画をチェック！

ボールを下から上へこすりあげ、ボールに前進回転（ドライブ）をかける

弧を描くように勢いよくボールを飛ばす

　強く前進回転をかけるドライブは、攻撃の軸となる重要なストローク。回転がかかったボールは弧を描くように飛ぶため、オーバーミスが少なく、ラリーで優位に立つことができる。

　基本のストロークよりも腰を低く下げてバックスイングをとる。このとき、利き腕側の足にしっかり重心を乗せ、タメをつくることがポイント。十分な腰のひねりが勢いのあるスイングにつながる。うまくタイミングを合わせ、ラケットをボールにかぶせ気味にしながら、ボールを下からこすり上げるようにインパクトする。体全体を使うことで球威が増す。

POINT 1

腰をまわしながら深く沈み
利き腕側の足にタメをつくる

　利き腕と反対側の足を半歩前に出し、腰をまわしながら上体を捻ってバックスイングをとる。このとき、利き腕側の足に重心をかけ、しっかりタメをつくるとスイングに勢いが出る。腰は台の下に隠れるぐらい深く沈むことが理想だ。

POINT 2

重心を体の中心に移動させて
ラケットを振り上げる

　捻った腰を正面に戻しながらスイングする。利き腕側の足にある重心を体の中心に移動させるとともに、低い位置から勢いよくラケットを振り上げる。ヒザを伸ばし切ると、目線がブレやすくなるので、腰の位置は極端に上げないこと。

POINT 3

体全体を使ったスイングで
ボールをこすり上げる

　ラケットの面をややかぶせ気味にして、ボールを下からこすり上げるようにインパクトする。この動作により、前進回転（ドライブ）がかかる。腕だけではなく、体全体を使ったスイングを意識すると、ボールへの回転力や球威が増す。

プラスワン アドバイス

回転の少ないドライブで
相手を惑わせる

　スイングのスピードは落とさずに、あえて回転をあまり加えない打ち方は、やや難易度が高いテクニック。ラケットを持つ手の手首近くや面の下方にボールを当てた瞬間、ラケットを返してスイングする。相手は通常のドライブと見分けがつきにくい。

フォアハンドと同じ面でバックハンドを打つ

ペンホルダーでもっとも特徴的なバックハンドのショート。
ミート中心の返球となる。

手のひらと前腕を上に向けて打つ

バックハンドのストロークは、利き腕と反対側にきたボールを打つ打法。片面だけを使用するペンホルダーのラケットでは、フォアハンドと同じ面を使う。そのためボールを打つときは、手首を回転させて前腕が上を向くようになる。

バックハンド (ショート) の場合は、

フットワークを使ってボールの正面に入ることがポイント。まずは相手の動きとボールをよく見て待球姿勢をつくり、バックスイングは小さくとる。バウンドしたボールが頂点に達する少し前に体の正面でインパクト、ヒジを伸ばしてラケットを前に押し出す。

POINT 1

足は平行か
利き腕側を下げる

　待球姿勢では、肩幅よりも両足を広げて前傾姿勢で構える。足の前後は、ボールに対して平行か、利き手側の足を少し下げてもよい。重心を体の中心に置いたまま、バックスイングはお腹を引っ込めるように小さくとる。

POINT 2

前腕を上に向けて構え
ボールの頂点前を狙う

　手首をまわして前腕を上に向け、ラケットの先端をやや上向きにする。両ワキをやや締めて、動ボールが頂点に達する少し前を狙ってインパクト。このとき相手に向けるように手首で固定しながら前方に押し出す。

POINT 3

フォロースルーから
待球姿勢に戻る

　インパクト後はヒジを起点にラケットを前に押し出す。前傾姿勢から、腕を伸ばすと同時にやや腰を浮かせる。動作中は手首のスナップはあまり効かせず、固定しておくイメージ。打った後は次のボールに対しての待球姿勢に入る。

プラス ワン +1 アドバイス

コントロール重視で
決定機を引き出す

　ペンホルダーの片面バックハンドは、体の前でコンパクトにとらえるため、安定的なボールが返球できるのがメリット。ラリーの組み立てでは、まずはバックハンドから狙ったコースにしっかり返球して、次の決定球につなげたい。

バックハンドショート (裏面打ち)

ヒジを起点に押し出すように打つ

動画をチェック！

ラケット面は裏面を使い、
バックスイングをとらずに
ミートを心がける。

頂点前のボールを体の正面でインパクトする

　ペンホルダーで両面を使うラケットの
場合は、シェークハンドと同じように
フォアハンドとは逆の裏面を使う。相手
の動きとボールをよく見て待球姿勢をつ
くり、バックスイングはフォアハンドの
ように大きくとれないため、体の前でコ
ンパクトにとる。

　バウンドしたボールが頂点に達する少
し前に狙いを定め、体の正面でインパク
ト。ヒジを起点にラケットを前に押し出
す。なお、相手の強打に対して、バック
スイングを少ししかとらずにラケットに
当てるだけで返す打法もある。これを
ショートあるいはブロックという。

POINT 1

腹を引っ込めるように
小さくバックスイング

　肩幅よりもやや広げた両足をボールに対して平行に置くのが基本。打ちにくさを感じるようであれば利き手側の足を少し下げるとよい。重心を体の中心に置いたまま、バックスイングはお腹を引っ込めるように小さくとる。

POINT 2

ラケットの面は倒さずに
ボールが頂点に来る前を狙う

　ラケットの面は倒さず、相手に向けるように手首で固定する。両ワキは少し空けておくとリラックスでき、動きやすさも増す。ボールが頂点に達する少し前を狙ってインパクト。タイミングを合わせて体の正面でボールをとらえる。

POINT 3

ラケットを前に押し
出してフォロースルー

　インパクト後はヒジを起点にラケットを前に押し出す。腕を伸ばすと同時にやや腰を浮かせるイメージ。手首のスナップはあまり効かせず、固定しておくと良い。手首を使い過ぎるとラケット面の向きが変わり、安定した打球にならない。

＋1 アドバイス

バックスイングはとらずに
ラケットに当てるだけで返す

　相手の強打をラケットに当てるだけで返球するショートは、守備的な場面で生きる技術。カウンター気味に返球すると、チャンスが生まれやすい。やや前傾姿勢になり、ヒジは直角になるくらい曲げて、インパクトの瞬間にしっかり面を作るだけでいい。

フトコロを広く構えてバックスイング

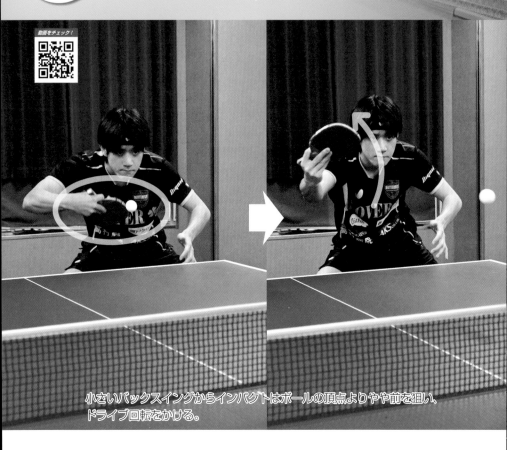

小さいバックスイングからインパクトはボールの頂点よりやや前を狙い、ドライブ回転をかける。

両面からのバックハンドドライブを武器にする

フォアハンドのドライブと同様、バックハンドのドライブも強く前進回転をかけることで、攻撃の軸となる。しかも、片面では打てないバックハンドのドライブが、両面のペンホルダーでは可能になるため、このテクニックを武器にできればシェークハンドに対して十分に対抗できる。

基本的な構えはショートと同じだが、強く前進回転をかけるため、ラケットの打球面を下に向けながら、バックスイングをやや大きくとる。スイングは、ヒジを支点にラケットで弧を描くようなイメージで振り抜き、ショートよりスイング全体がやや大きくなる。

フトコロを広く構えて
バックスイングする

　両足を肩幅より広めに開き、ボールに対して平行か利き腕側の足を下げる。フトコロを広く構え、バックスイングするスペースを空ける。体の正面で持ったラケットをややかぶせ、ヒジから先を使って後ろに引いてバックスイングする。

ボールの少しを上を
こすって前進回転をかける

　インパクトはボールの頂点よりやや前を狙う。体の正面でとらえ、ボールの少し上をこするように打って前進回転をかける。ボールが頂点を過ぎたところをインパクトすると、スピードは落ちるが回転量は増えるメリットもある。

手首のスナップと
スイングの遠心力を生かす

　ペンホルダーのバックでは、バックスイングやスイングを大きくとることが難しい。スイングの遠心力を生かして、手首のスナップを利かせて、ボールに前進回転をかける。バックスイングからインパクトまでを体の正面で行う。

プラスワン　アドバイス

バックハンドドライブで
攻撃を仕掛ける

　バックハンドからの攻撃を苦手とする選手は多い。特に決定打に導くことができるバックハンドドライブは、有効なテクニックのひとつだ。決定打に持っていくための布石やサービスからの三球目などで積極的に使えるようマスターしよう。

スマッシュ
体全体を使ってダイナミックに打つ

動画をチェック！

チャンスを確実に決めるためにも、浮いたボールを高い打点で強くヒットする。

高い打点からパワーを集中させて打球する

　高く上がってきたチャンスボールを高い打点から振り抜き、決定打となるスマッシュ。腕だけで振ろうとせず、全身を使ってダイナミックに打つことがポイントだ。ミスをすると精神的なダメージも大きいが、打つと決めたら思い切って繰り出す。

　利き腕側に重心を乗せながら腰をひねり、バックスイングは大きくとる。その反動を利用して上体を正面に向けつつ、スイング開始。同時に重心をもう一方の足に移動させていく。腕は伸び切らないように意識し、相手コートに叩きつけるように高い打点でインパクトする。

POINT 1

後ろ足に重心を乗せて
ラケットを後方に引く

　ラケットを後方に大きく引き、フリーハンドでバランスをとりながら、利き腕側の後ろ足に重心を乗せる。チャンスボールが来ると思わず力んでミスをしやすくなるが、ボールをよく見ながら落ち着いて構えを作っておく。

POINT 2

力が入るポイントで
インパクトする

　ボールをしっかり見ながら、利き腕とは逆側の前足に重心を移動して、スイングを開始する。力が入るポイントでインパクトするのが基本。肩よりも高い打点で、全体重を乗せるようなイメージで思い切りラケットを振り抜いていく。

POINT 3

フリーハンドをうまく使い
腰の回転力を速めて打つ

　インパクト時にヒジを伸ばし切らないように注意。フリーハンドをうまく使うと、腰の回転力を速め、威力のある打球を生み出せる。打ち終わった後に上体を極端に倒すと安定感が出ないので、最後まで打球から目を離さない。

+1 アドバイス

ボールをよく見て
高い打点から打つ

　スマッシュを打てるようなチャンスボールは、まわり込んでフォアハンドで打つのが一般的だが、腕だけのスイングにならないように注意。ボールをしっかり見て、高い打点から相手コートにボールを叩きつける。そのボールを返球されたときの準備も大事。

フォアハンドドライブ (後陣)
台から離れてより強い前進回転をかける

動画をチェック！

前陣は台から約1m以内、中陣は台から1〜2m離れ、
後陣は台から2m以上離れてプレーする。

バックスイングでタメをつくることで強いボールを打つ

　ゲームではラリーの展開によって、ド
ライブを前陣から、あるいは中陣や後陣
から打つ場面が出てくる。基本的な
フォームは同じだが、前陣よりも中陣、
中陣よりも後陣と、台から離れるほどス
イングの振りが大きくなる。

　特に後陣では、前陣のフォアハンドド

ライブよりもフリーハンド（利き手とは
逆の腕）を効果的に使い、ダイナミック
に振り抜くことがポイント。

　前陣で打つよりは時間的な余裕もある
ので、しっかり腰を落として、利き腕側
の足にタメをつくることで強いボールが
打てる。

POINT 1

台から離れて
ボールをしっかり見る

　台から2m以上離れても待球姿勢をとる。相手の返球に対しては時間的な余裕があるので、ボールをよく見て球筋を正確に見極める。バックスイングでは、重心は利き腕側の足に乗った状態で上体をしっかり捻ることがポイント。

POINT 2

フリーハンドを使って
ダイナミックに振り抜く

　重心を体の中心に戻しながら、ボールを下からこすり上げるように振り抜く。フリーハンドでうまくバランスを取ることで体全体を使ったスイングが可能になる。決定打となるショットだけに力だけでなくコースへの打ち分けも意識する。

POINT 3

大きなスイングの後は
すばやく待球姿勢に戻る

　全体的なフォームは前陣よりもさらに大きく、フリーハンドを使ってダイナミックな振りを意識イメージする。ただし体のバランスを崩すようなスイングはNG。大きな動きをした後は、すぐに待球姿勢に戻ることが重要。

プラスワン +1 アドバイス

どんな距離からでも
強く、正確なドライブを打つ

　前陣ではスピード勝負、後陣ではパワー勝負のラリーになる傾向がある。自分と相手とのプレースタイルの違いやラリーの優劣によって、必ずしも自分の得意な位置（台からの距離）で打てるとは限らない。どこでも打てるようドライブの精度をあげることが大事。

バックハンドからの攻撃バリエーションを増やす

後陣は台から2m以上離れてプレーする。

手首を効かせたバックスイングをとる

バックハンドにおいても、台から近い位置や離れた位置からでも強烈なドライブを打てることが理想。特に両面打ちのペンホルダーにとっては、武器となるテクニックだけに、台から離れるほど大きなスイングと強いボールを意識する。

後陣では、前陣のドライブと同じように

バックスイングからインパクト、フォロースルーまでを体の正面で動作するが、バックスイング時にラケットヘッドがお腹に向くようにスナップを効かす。そうすることでインパクトに向けてスイングスピードがアップし、強く、回転のかかったボールが打てるようになる。

POINT 1

腰を深く沈め
ボールの軌道を見る

　両足を肩幅より広めに開き、ボールに対して平行か利き腕側の足を下げる。前陣よりも腰をやや深く沈め、ボールの軌道をしっかり見極める。フトコロを広く構え、バックスイングするスペースを空ける。

POINT 2

インパクト地点によって
ボールの飛びが変わる

　体の正面で持ったラケットをややかぶせ、ヒジから先を使って、後ろに引いてバックスイングする。インパクトはボールの頂点または頂点の前後を狙う。体の正面でとらえ、ボールの少し上をこするように打って回転をかける。

POINT 3

体の正面で
スイング動作する

　手首のスナップを効かせ、スイングの遠心力を生かした強いドライブ回転をかける。インパクト後は両腕が広がるイメージでフォロースルーをとる。バックスイングからインパクト、フォロースルーまでの動作を体の正面で行う。

+1 プラスワン アドバイス

ラリーに変化をつけて
相手のミスを誘う

　ボールが頂点を過ぎたところをインパクトすると、スピードは落ちるがボールの回転量は増える。同じタイミングばかりで打つのではなく、打球のポイントやボールの回転量を変えて、ラリーのリズムに変化をつけ、相手のミスを誘うこともポイント。

横回転

P26 では、上回転および下回転のボールの変化やその対応の仕方を確認したが、回転には横回転もある。相手が右横回転と左横回転をかけてきたとき、ボールはどんな軌道を描き、バウンド後にどんな変化をするか。また、どのように対応すればよいかを理解しておこう。

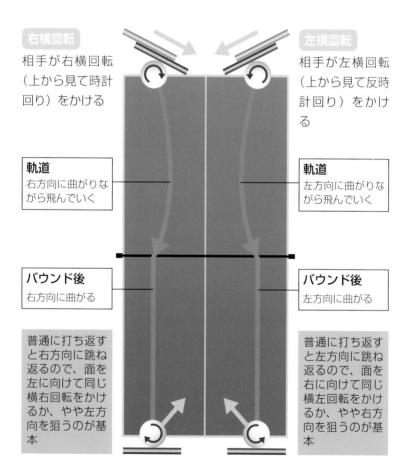

右横回転

相手が右横回転（上から見て時計回り）をかける

軌道
右方向に曲がりながら飛んでいく

バウンド後
右方向に曲がる

普通に打ち返すと右方向に跳ね返るので、面を左に向けて同じ横右回転をかけるか、やや左方向を狙うのが基本

左横回転

相手が左横回転（上から見て反時計回り）をかける

軌道
左方向に曲がりながら飛んでいく

バウンド後
左方向に曲がる

普通に打ち返すと左方向に跳ね返るので、面を右に向けて同じ横左回転をかけるか、やや右方向を狙うのが基本

PART
3

ペンホルダーの
台上技術

回転を見極めて有効なショットを打つ

片面・両面に関わらず精度の高い
台上技術で返すことで、ラリーの
主導権を握る。

片面打ち（バックハンド）

両面打ち（バックハンド）

繊細なボールタッチでペンホルダーの優位性を活かす

　卓球ではドライブでのダイナミックなラリーに目が行きがちだが、そこに至るまでの短い打球でいかに優位に立てるかが重要だ。特にペンホルダーは繊細なボールタッチがてきるラケット。

　台の上で短いボールを処理する技術を「台上技術」などと呼ぶ。基本的な台上技術として、ツッツキやフリック、ストップの他、両面打ちのペンホルダーなら打つことができるチキータなどがある。いずれも相手の回転によって打ち方が変わる。主にレシーブや3球目攻撃で使うが、攻撃の第一歩となるケースも多いのでしっかりと身につけよう。

POINT 1

下回転で確実に
返球する基本レシーブ

　ツッツキはラケット面をやや上に向けて突っつくように打ち、下回転で返す。打ちたい方向にラケットを押し出す。実戦ではツッツキ対ツッツキのラリーになることは少ないが、どんな回転でもミスせずに続けられる安定感が欠かせない。

POINT 2

前進回転で攻撃的な
ショットを繰り出す

　フリックは前進回転をかけて返球するテクニック。ドライブのような豪快な振りにはならないが、コンパクトに弾くことで強い打球も可能だ。台上技術の中では攻撃的で、チャンスメークができるのはもちろん、高い得点能力も備える。

POINT 3

繊細なラケット操作で
ネット際に短く落とす

　ストップはネット際に落とすことで、相手を前後に揺さぶったり、強打を封じ込めたりする。相手コートの中で2バウンド以上するぐらい、打球の勢いを殺せるのが理想。甘くなると一気にピンチが広がるので注意が必要だ。

プラスワン ＋1 アドバイス

トップ選手たちが操る
チキータをマスターする

　チキータはシェークハンドはもちろん、両面打ちのペンホルダーのトップ選手にとっては、主戦武器となるテクニック。バックハンドフリックの進化した打法であり、強烈な横上回転をかけてインパクトする。レベルアップのためには必須のテクニックだ。

ツッツキ　フォアハンド
精度の高い下回転ボールで返球する

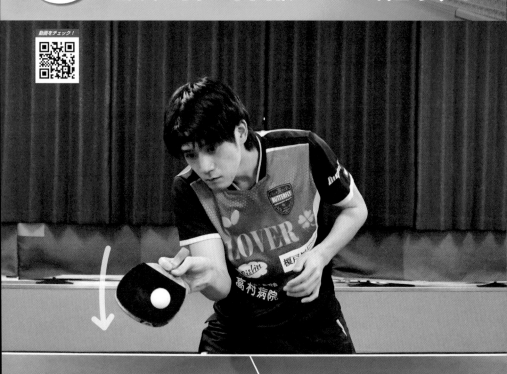

動画をチェック！

小さめのバックスイングからボール下部を切り、ラケットを押し出して止める。

ショートサービスや短い返球に対して下回転のボールを返す

　ショートサービスや相手からの短い返球に対して有効なツッツキ。基本的には相手のボールに下回転がかかっているとき、ラケット面をやや上に向け、突っつくように打つ。下回転に対しては普通に打つとボールが下に落ちてしまうので、同じように下回転で返すのがポイントだ。

　重心を利き手側の足に乗せ、小さめのバックスイングからボールの下部を切るようにラケットを打ちたい方向に押し出す。フォロースルーは大きくとらず、自然に止める。回転が甘かったり、バウンドが高いと相手に攻め込まれるので、できるだけ低い軌道で返球する。

ボールの回転を見極めて
小さくバックスイングをとる

　両足を肩幅くらいに広げて構え、重心は利き手と逆側の足に乗せながら、利き手側の足を一歩前に踏み出す。ボールの回転をよく見ながら小さくバックスイングをとる。体にボールを寄せながら、インパクトの準備に入る。

手首の力を抜いて
ボールの下部を切る

　ボールの下部を切るようにしてスイングし、インパクトの瞬間に指に力を入れるイメージ。相手に簡単に返球されないように、低い軌道で打ち返すのが理想。相手のボールが下回転ならラケットを寝かせ、上回転ならラケットを立てる。

フォロースルーから自然に
ラケットの動きを止める

　ツッツキは横方向にスイングするのはNG。あくまでも打ちたい方向に押し出すことを意識する。フォロースルーもあまりとらず、腕を伸ばしたところでラケットの動きを止める。一連の動作をコンパクトに行うことがポイント。

プラスワン アドバイス

ツッツキをコントロールし
相手を左右に振っていく

　ペンホルダーでは、ラケットを握る指先の力加減と面の角度で、クロスやセンターに来たボールをストレートやバッククロス（相手のバック側）に返球していく。低い軌道とともに、コースを打ち分けて相手を左右に振っていくことを意識する。

ツッツキ（フォアハンド）回転に対する打ち分け

回転に応じてラケット面を調整する

対バックスピン（下回転）

バックスピン（下回転）のボールは、キレながら飛んでくるので、ラケット面を上に向けてインパクトする。

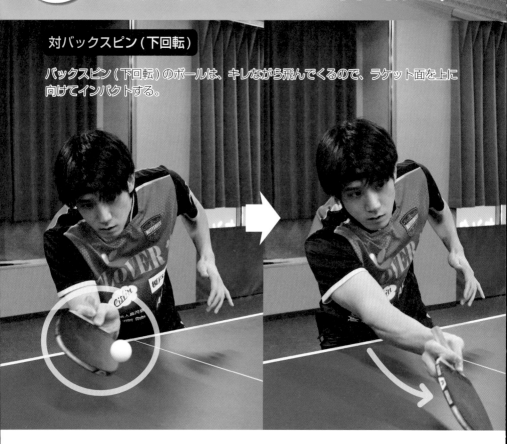

相手ボールを見極めて適したラケット面を出す

　相手サーバーは、巧みなフォームを駆使してあらゆる変化のあるサーブを出してくる。基本的なバックスピン（下回転）をはじめ、アップスピン（上回転）、ナックル（無回転）など予測しにくい変化をするサーブもある。レシーバーとして、これらの変化にツッツキで対応する場合、ラケット面の角度を調整してレシーブしなければならない。

　例えば上回転のボールに対して面を上にしてしまうと、浮き球の返球となって相手に決定機を与えてしまう。ボールの変化をしっかり見極め、正しいラケット面の角度を出してレシーブしよう。

対アップスピン（上回転）

アップスピン（上回転）のボールに対して、ラケット面を上にしてしまうとオーバーミスや浮き球となってしまう。ラケット面を立て、上から抑えるようにしてボールをヒットする。

対ナックル（無回転）

ナックル（無回転）のボールに対しては、自分から回転をかけて返球するイメージ。ラケット面をやや立てながら、ボールを切るようにしてバックスピンをかけて返球する。

ツッツキ (バックハンド) 片面打ち
ボールに体を寄せてヒジを伸ばして打つ

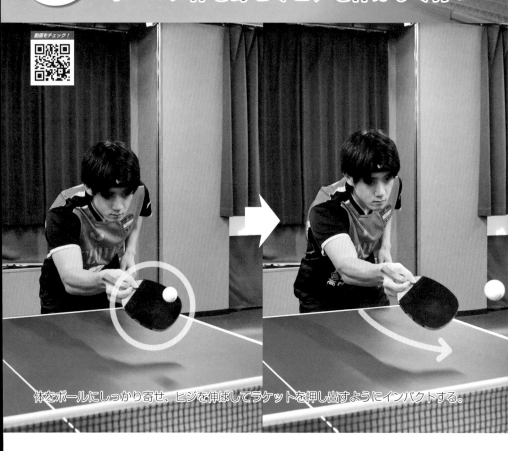

動画をチェック！

体をボールにしっかり寄せ、ヒジを伸ばしてラケットを押し出すようにインパクトする。

ボールに体を近づけることで安定性がアップする

バックハンドのツッツキもフォアハンドと同様、下回転のかかったボールに対して下回転で返球するのが基本となる。体を寄せてできるだけ正面でボールを捉えることがポイント。特に片面打ちの場合、手打ちにならないよう注意する。

相手のボールの回転をすばやく見極め、小さなバックスイングから利き腕側の足を踏み込む。体をボールに寄せ、ヒジを伸ばして、やや上に向けたラケットを押し出すようにインパクト。体全体の力を使ってボールを相手コートに押し込むようなイメージで返球する。

コントロールを重視して
バックスイングを小さくとる

　相手のボールの質をよく見極め、すばやくボールの正面に入る。バックハンドのツッツキはコントロール重視が基本になるため、バックスイングは体の前で小さめにとる。短いボールは、利き手側の足を一歩踏み込んで対応するとよい。

ボールの下部を
こするようにして押し出す

　体をボールに寄せて、ヒジを前に伸ばしてインパクトする。ラケットの表面をやや上に向けたまま、ボールの下部をこするようにして押し出すと下回転がかかる。ラケットの角度は、相手のボールの高さや回転量に合わせて変化させる。

腕が伸びたところで
ラケットの動きを止める

　腕が伸び切ったところでラケットをピタッと止める。これによりボールに鋭い下回転がかかる上、ツッツキ自体の安定感が増す。このとき、腕だけで打とうとせず、ヒザを柔らかく使って下半身と連動した動きを心がけよう。

相手と駆け引きして
攻撃的なツッツキを繰り出す

　ヒジを少し曲げた状態でボールに寄っていくと、相手はネット際に短く落とすストップを予測する。そこでから腕を前に伸ばせば、キレがあって伸びる攻撃的なツッツキになる。このフェイントをかけられるようになれば、相手を前で詰まらせることができる。

ツッツキ（バックハンド）両面打ち
顔を近づけて正面でボールを押し出す

動画をチェック！

顔を近づけて、ラケットを
押し出すように打つ。

ラケット面の角度を調整して変化に対応する

　裏面で打つツッツキは、前腕の捻りが
ないためスムーズにラケットを出しやすい。相手のボールの回転をすばやく見極め、小さなバックスイングから利き腕側の足を踏み込む。しっかりと体をボールに寄せ、顔を近づけるイメージ。ヒジを伸ばして、やや上に向けたラケットを押

し出すようにインパクト。体全体の力を使ってボールを相手コートに押し込むようなイメージで返球する。

　フォアハンドと同じようにバックスピン（下回転）の返球を基本とし、アップスピン（上回転）、ナックル（無回転）などに対応できるよう面の角度も意識する。

顔を近づけるようにして
ボールをしっかり見極める

　台の下に利き腕側の足を踏み込むようにして、すばやくボールの正面に入る。相手のボールの質をよく見極め、ボールに対して顔を近づけていく。バックスイングは大きくとらずコントロール重視を基本に相手ボールに対応する。

ラケット面を上向きにして
ボール下をこすって押し出す

　体をボールに寄せて、ヒジを前に伸ばしてインパクト。ラケットの表面をやや上に向けたまま、ボールの下部をこするようにして押し出す。キレの良い下回転に対して、より低いキレのあるボールを返すには、ラケット面を上向きにする。

腕が伸びたところで
ラケットの動きを止める

　腕が伸び切ったところでラケットの動きを止める。この切る動作によって、ボールに鋭い下回転がかかり、低く安定感のあるボールが飛ぶ。腕だけで打とうとせず、ヒザを使って下半身と連動した動きを意識する。

ボールの変化に応じて
ラケット面の調整する

　バックスピン（下回転）のボールは、ラケット面を上に。アップスピン（上回転）のボールに対しては、ラケット面を立てて上から抑えるようにする。ナックル（無回転）のボールに対しては、ラケット面をやや立てながら、切るようにして自分から回転をかける。

ラケットを払うようにしてコンパクトに弾く

ボールの頂点前を狙い、ラケット面をややかぶせ気味にして、ナナメ上に振り払う。

攻撃的なショットで台上の主導権を握る

　ショートサービスや短いボールに対し、台上で前進回転をかけて返球するフリック。ツッツキに比べると攻撃的なショットで、ラリーの主導権を握ることができる。ツッツキやストップと併用すると、ラリーの幅を広げることができる。

　ボールの着地点を見定めたら、上半身をボールに寄せ、体の横にバックスイングをとる。スイングは小さめに、ボールの頂点前を狙ってインパクト。ラケット面をややかぶせ気味にして、ナナメ上に振り払う。ドライブのようにダイナミックに回転をかけるのではなく、コンパクトに弾くイメージで打球する。

POINT 1

上体をボールに寄せて
体の横までバックスイング

　ボールの着地点をすばやく見定め、利き手側の足を踏み込みながら、上体をボールに寄せていく。バックスイングはラケットを体の横あたりまで引く。ヒジを軽く曲げ、適度にワキを空けておくと、スムーズにスイングしやすくなる。

POINT 2

面をかぶせ気味にして
振り払うように打つ

　向かってくるボールに対して、ラケットを直角に出すようにスイングする。インパクトはボールが頂点に到達するやや前をとらえる。ラケット面はボールにやややかぶせ気味にし、ナナメ上にすばやく振り払うことで前進回転がかかる。

POINT 3

ヒジから先を打ちたい
方向に振り抜く

　台上テクニックなのでスイングはコンパクトが基本。ヒジから先を打ちたい方向に振り抜くようにフォロースルーをとると、フリック本来の攻撃力に加え、コントロールの精度も上がる。フォロースルーの後は、すぐに待球姿勢をとる。

プラスワン +1 アドバイス

ラケット面を開いて
バックスイングをとる

　ペンホルダーのフォアハンドのフリックは、ラケットの面を少し開いた状態でバックスイングをとる。そこからナナメ上にすばやく振り払い、インパクトの瞬間に手首を返す動作を入れることにより、スイングスピードがアップする。

フリック（バックハンド）両面打ち
払うようにナナメ上に振り抜く

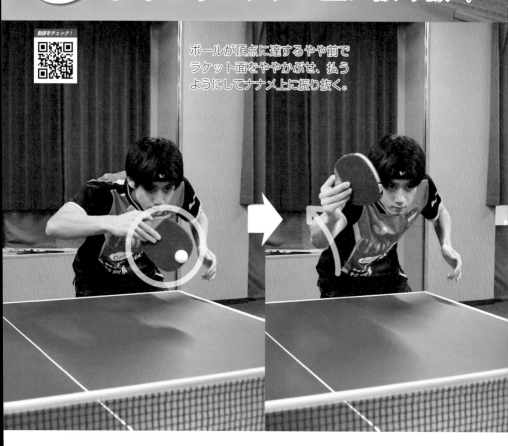

動画をチェック！

ボールが頂点に達するやや前で
ラケット面をややかぶせ、払う
ようにしてナナメ上に振り抜く。

自分の打ちやすい形で足を踏み込む

バックハンドのフリックがフォアハンドと大きく違うのは、踏み込む足はどちらにしても構わないという点だ。右利きの場合、右足を踏み込むと、待球姿勢に戻りやすくなり、左足を踏み込むと、体勢が安定する。自分が打ちやすいフォームを見つけよう。

インパクトは体の前で行うため、バックスイングはラケットを手前に引く。インパクトはボールが頂点に達するやや前に合わせ、面をややかぶせて、ボールを払うようにしてナナメ上に振り抜く。強いボールを打つためには、腕や肩をリラックスさせインパクトの瞬間に力を入れる。

早めの待球姿勢で
ラケットを立てて構える

　ラケットは体の前で、飛んでくるボールに対して直角に、また、台に対して垂直に立てて構える。早めに準備をしておくことで、ミスを犯すリスクを軽減できる。スタンスは、自分のやりやすい方で、どちらの足を前に出してもよい。

面をかぶせ気味にして
ボールを払うように打つ

　打点はボールが頂点か頂点に達する少し前に合わせる。ラケットの面をややかぶせながら、ヒジを軸にボールを払うようにスイング。腕や肩に力が入り過ぎると強い打球は打てないため、リラックスしてボールをインパクトしていく。

ボールを押し出して
ラケット面を返していく

　ボールに当てるだけでは打球に威力が出ない。打ちたい方向にボールを押し出しながら、ラケットの面を返していくと、鋭く強い打球になる。インパクト付近のスイングスピードを速くすることで、相手ボールの回転の影響を受けにくくする。

プラスワン アドバイス

片面打ちはフリックの
バックハンドが打ちにくい

　ペンホルダーの片面打ちは、バックスピン系のボール対してはバックハンドのフリックを打つことが難しい。手首の返しに制限があるからだ。通常はツッツキやストップでの対応となる。アップスピン系のボールに対しては、ラケット面をかぶせ気味して打つ。

ストップ　フォアハンド
ネット際に落として相手の強打を封じる

動画をチェック！

インパクトでは力を抜いた方が、相手コートのネット際にコトンロールしやすくなる。

バウンド直後の低い位置でボールをとらえる

　ストップはサービスや短いボールに対して、短く打ち返すテクニック。ネット際にボールを落とせれば、相手を前後に揺さぶり、その後の強打を封じ込めることもできる。逆に甘いボールになれば一気に攻められるため、ペンホルダー特有の繊細なタッチでボールをコントロールしたい。

　バックスイングはとらず、ヒザの屈伸を利用しながらバウンド直後の低い位置でボールをとらえる。インパクトはボールを打つというより、ボールにラケットを添えるようなイメージ。手首に力が入りすぎないようにすることで、相手コートのネット際に落とすことができる。

腰を落として重心を下げ
ラケットを上向きで構える

　ボールをよく見ながら台の近くまで体を寄せ、利き手側の足を台の下まで踏み込む。ボールを低い位置でとらえられるように、ヒザを曲げ腰を落として重心を下げておく。バックスイングはとらず、ラケットをやや上向きにして構える。

バウンド直後をとらえ
ネット際に小さく返球する

　ボールが頂点まで上がったところでインパクトすると、短く低い打球を返すことが難しくなるので、バウンド直後の低い位置でとらえる。インパクトはラケット面をやや上向きにし、ボールにラケットを添えるように当てる。

相手の攻撃を想定し
すぐに元の位置に戻る

　甘い返球のストップは、相手のチャンスになってしまうので注意。攻められることを想定し、すぐに元の位置に戻ることが重要だ。とくにストップは、体をネット近くまで寄せているため、戻るにも時間がかかる。集中を切らさないことが大事。

ツッツキと併用すると
ストップの威力がアップする

　ストップのフォームはツッツキに近い。ややヒジを曲げて入り、ストップを打つと見せかけた後に腕を伸ばせば、下回転でボールが伸びるツッツキになる。ストップと見せかけて相手をおびき寄せ、ツッツキを繰り出すことができれば、ストップ自体の威力が増す。

ストップ　バックハンド（片面打ち）
ラケット面を操作して短いボールを打つ

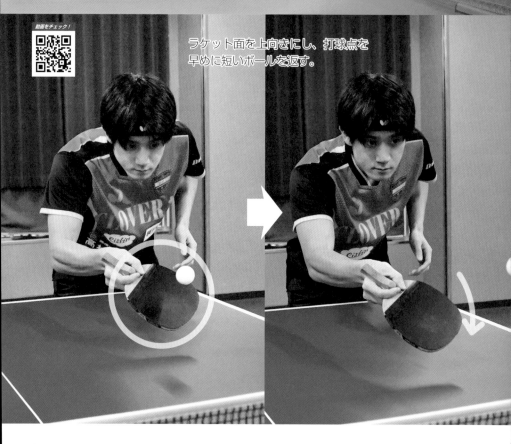

動画をチェック！

ラケット面を上向きにし、打球点を
早めに短いボールを返す。

短いレーブを効果的に使い、ラリーで優位に立つ

　ペンホルダーの場合、バックハンドは微妙なラケット操作がしやすい。特にストップのバックハンドは、片面のペンホルダーにとって習得しやすいテクニックと言える。フォームがツッツキと似ているので、ストップとうまく併用できれば、相手を惑わすこともできる。しっかりマ

スターすることで、相手を前後に動かすことができる。

　サービス＆レシーブの駆け引きにおいては、長いレシーブを予測する相手に対し、ストップで短い返球ができると四球目のチャンスボールを演出できる。

体を台に寄せて
しっかり踏み込む

　構えからボールをよく見ながら、足をしっかり踏み込む。このとき体を台に寄せていくことがポイント。体を寄せず手打ちになってしまうと、上手にボールをコントロールできない。踏み込んだら、バウンドに合わせてラケットを出す。

ラケットをボールに添え
ボールの勢いを殺す

　インパクトはバウンド直後を狙う。フォアハンドのストップと同様、バウンド直後の低い位置でボールをとらえる。ラケットで打ち返すというより、ボールに添えるように当てることで、ボールの回転を吸収し、返球が長くなるのを防ぐ。

ボールの回転に応じて
ラケット面を調整する

　バックスピン系のボールに対してインパクトでは、単にボールをストップするのではなく、少し回転をかけるイメージで行う。アップスピン系のボールに対しては、手首を柔らかく使って、ややラケット面を立てて打つ。

ツッツキを打つように
見せかけて短く落とす

　レシーブにおいてツッツキの使用頻度は高い。相手もツッツキの返球を予測して三球目を待っている。ギリギリまでツッツキを打つように見せかけ、ストップを繰り出すことができれば、相手の意表をつくこつができる。

動画をチェック！

ボールに近づいてラケット面を上向きにし、打球点を早めに短いボールを出す。

弱い回転をかけるように打ちボールの勢いを消す

両面打ちのバックハンドからのストップも片面打ちと同様に短くネット際に落とし、相手を前に動かすことができるショット。バックスイングは小さく、フォロースルーも小さくして、相手コートで2～3バウンドするようなボールを打つイメージ。

ヒザを柔らかく使ってボールに近づき、基本的にはややラケット上向きにして短く落とす。打球点を早くすることと、ラケットの振り幅を小さくすることが短く返球するコツ。相手のチャンスになる甘いボールは絶対に禁物だ。

POINT 1

ヒジにゆとりを持たせて
台の上でボールをとらえる

　ボールをよく見ながら、体を台に寄せる。利き手側の足を台の下に踏み込むことでヒジにゆとりを持たせ、相手の打球の軌道上に乗ることができる。バックスイングはあまりとらずに、台上でしっかりボールをとらえることがポイント。

POINT 2

腕全体の力を使って
ボールの勢いを打ち消す

　ストップはバックスイングやスイングを意識するよりも、相手ボールの回転をうまく吸収することが重要だ。ヒザを柔らかく使って、ヒジは曲げたままボールの回転を吸収する。肩や腕全体の力を抜いて、ボールの勢いを打ち消す。

POINT 3

ラケットをボールに添え
ボールの勢いを殺す

　インパクトはバウンド直後を狙う。しっかり利き足を踏み込み、手を伸ばしてバウンド直後の低い位置でボールをとらえる。ラケットで打ち返すというより、ボールに添えるように当てることで、ボールの回転を吸収し、飛びすぎを防ぐ。

プラスワン +1 アドバイス

他のショットと織り交ぜて
強打やフットワークを封じる

　ストップは、ドライブが得意な相手やフットワークが苦手なプレイヤーに対して有効な打法。もちろん、ストップばかりでは大きな効果は得られないが、他の技術とうまく織り交ぜることで、強打を封じたり、相手を前後に揺さぶったりできる。

チキータ

手首を返して裏面で強い回転をかける

動画をチェック！

ヒジを上げて腕を外側に向かって回すようにスイング。曲げていたヒジを伸ばして、腕を大きく振り上げる。

台上から前進回転の強いボールを打つ

　ペンホルダーの両面打ちしかできないチキータは、バックハンドフリックの進化した打法で、台上テクニックの中でも難易度が高い。ボールに強い回転をかけて返球するので、「バックハンドの台上ドライブ」とも言われる。弧を描くように飛んでいく軌道が、バナナの「チキータ」

のように曲がることがテクニック名の由来という。

　バックスイングのときはラケットのフォア面を上に向けているが、インパクトでは面を返してバック面を使う。フリーハンドの位置に注意して、手首だけでなく、ヒジを支点にして打つ。

手首を内側に捻り
ヒジの下にバックスイング

　ボールの着地点に体を寄せて、台の下に足を踏み込む。ヒジを上げ、ラケットのフォア面を上に向けて手首を内側に捻る。その手首をヒジの下に持ってくるようにバックスイング。ヒジは曲げた状態で少しずつ引き上げる。

腕を外側に向かって
回すようにスイングする

　ヒジを肩の位置ぐらいまで引き上げたら、腕を外側に向かって時計周りに回すようにスイング。曲げていたヒジを伸ばして、腕を大きく振り上げる。この動きから裏面でボールをとらえるのは、両面打ちならではのテクニックと言える。

裏面でボールの
左下をこすってインパクト

　手首を返すように裏面でインパクトする。ボールの左下をこすり上げると、強い回転をかけることができる。ヒジの位置が下がってしまうとラケットの振りが小さくなり、回転がかかりにくい。ダイナミックな動きを意識しよう。

レシーブの主流となった
両面打ちならではの打法

　近年になって開発されたチキータ。積極的に攻めていける上、どの回転のサービスに対しても対応できる安定性もあるので、レシーブの主流になっている。シェークハンドとペンホルダーの両面打ちしかできない打法なので、身につけておきたい。

チキータ　コースの打ち分け
打点を変えてコースを打ち分ける

クロスへのチキータ

ストレートへのチキータ

コースを打ち分けてラリーで優位に立つ

　チキータは手首を返すようにして裏面で打つ、バックハンドならではのテクニック。台上で使うテクニックのため、レシーブから相手を押し込むことができる。厳しいコースに決まればポイントをとることはもちろん、それ以降のラリーでも優位に立てる。

　バックハンドからのクロス方向へのチキータは、体の前でボールをとらえることがポイント。一方、ストレート方向では、よりボールをより引きつけて打球することが大切だ。フォロースルーでは、伸びた腕とラケットが打ちたい方向に向いている。

クロスはボールの
上側をこするように打つ

　ボールの着地点に体を寄せて、台の下に足を踏み込む。ヒジを上げ、フォア面を上に向けて手首を内側に捻る。手首を返すように体の前で、ボールの上側をこするようにしてインパクト。伸びた腕とラケットを打ちたい方向に向ける。

ストレートはボールを
引きつけて打つ

　ボールの着地点に体を寄せて台の下に足を踏み込み、捻った手首をヒジの下に持ってくる。ボールの外側をとるイメージで、より手前に引きつけてインパクト。曲げていたヒジを伸ばして、腕を大きく振り上げてストレート方向に腕を伸ばす。

ボール横を強く
こすって回転をかける

　チキータを打つ場合、相手サービスのボールの変化にも柔軟に対応しなければならない。すべてが同じスイングになってしまうとミスの要因となる。バックスピン（下回転）に対しては、ボール横をとらえ回転をかけるときに強くこする。

ラケット面を立てて
上から抑えるように打つ

　アップスピン（上回転）のボールに対しては、ラケット面を立てて上から抑えるようにしてボールをヒットする。ナックル（無回転）のボールに対しては、ラケット面をやや立てながら、強打することを意識して自分から回転をかける。

繊細なラケット面の操作で
ストップを打ち分ける

　ストップの軌道は、ネットを越えて相手コート手前に落ちる短いボールが基本。状況としては相手を前に動かしたり、大きなスイングで強いショットを打たせないために使う。しかし、サービスからの三球目などでは、ストップを打たせた上での決定打が用意されていることもあるので要注意。短いストップだけでは、相手もそれを読み、簡単に対応してしまう、つまりラリーで優位に立つことができないのだ。

　そんなときに使えるのが、長いボールのストップだ。通常のストップと同じようなフォームから、ネットギリギリを越えて相手コートの奥までボールを飛ばす。

　これはペンホルダーだからできる、微妙な面の操作を使うテクニック。フォアハンドだけでなく、バックハンドでも使えると有効だ。特に片面打ちのペンホルダーの場合、両面打ちのペンホルダーやシェークハンドよりもテクニックのバリエーションが少ない。指先でコントロールするペンホルダーならではのラケット操作をマスターしよう。

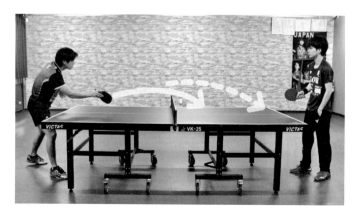

PART
4

ペンホルダーのサービス

サービス
連続でポイントをとれるサービスを身につける

フォア

バック

フォアハンドとバックハンドでサービスが出せると、相手の目先を変えるだけでなく、多彩なサービスからの攻撃が可能になる。

レシーバーに的を絞らせずラリーで優位に立つ

　サービスは自分主導で始められる唯一のプレー。ただし、同じサービスばかりを出していると、相手も試合の中で徐々に慣れてくるので、いろいろなサービスを繰り出し、目先を変えるのがセオリーだ。ボールにかける回転やスピード、狙うコースを工夫し、フォアハンドだけで

なくバックハンドも使えるとバリエーションが広がる。

　サービスを出すときは、できるだけ同じモーションで動作できると、相手を惑わす効果も期待できる。相手レシーブが甘いボールになるようにサービスから主導権をつかみたい。

POINT 1

さまざまな回転で
レシーブの的を絞らせない

　サービスは、下回転（バックスピン）
か横回転をかけて打つ、あるいは回転を
かけないナックルが一般的。横回転には
右回りと左回りがあり、ラケット面を斜
めにこするように打つと、下回転の要素
も加わり、「横下回転」になる。

POINT 2

ロングとショートを打ち分け
相手の攻撃を封じる

　サービスの長さも工夫する。おもに
ネット際に落として相手の強打を防ぐ
ショートサービスと相手コートのエンド
ラインいっぱいを狙うロングサービスに
分けられる。自分のコートでの第1バウ
ンドの位置で打ち分けが可能になる。

POINT 3

同じようなフォームから
異なるサービスを繰り出す

　サービスは様々な種類がある。それら
をできるだけ同じようなフォームで打つ
ことができれば、相手に球種の判断を迷
わせることができる。例えばインパクト
後にフォロースルーを入れることで、動
作をカモフラージュできる。

+1 プラスワン アドバイス

サービスでグリップと
指使いを変える

　サービスを出すときのグリップの持
ち方は、ペンホルダー特有の指使いが
ある。フォアハンドのサービスでは親
指を少し浮かせることで、回転がかけ
やすくなる。逆にバックハンドは、人
差し指を少し浮かせることで面の角度
をつけやすくする。

フォアハンド　下回転サービス
ボールを切るように底をうすくこする

動画をチェック！

ラケットと台が水平になる
ように構える。

トスを上げたらボールから
目を離さず、フォア面を上
にしてバックスイング。

ラケットに角度をつけて
しまうと、うまくボール
の真下をとらえられない。

POINT
1

台と水平のままスイングし
ボールの真下をとらえる

　ラケットのフォア面を上に向け、台と
水平のままスイング開始。インパクトは、
落下してきたボールの真下をうすくこす
るようにして下回転をかける。ラケット
の先端あたり（面の上の方）でボールを
とらえると、よく回転がかかる。

相手のタイミングを崩して強いレシーブを封じる

フォアハンドの下回転サービスは、相手のコートでバウンドしたときに、一瞬ボールを止まったように見せるのが狙い。これができれば、相手のタイミングを崩して、強いレシーブを封じることができる。より質の高いサービスを目指すならば、インパクトで面を水平にすることと、低い打点で打つことを心がけたい。

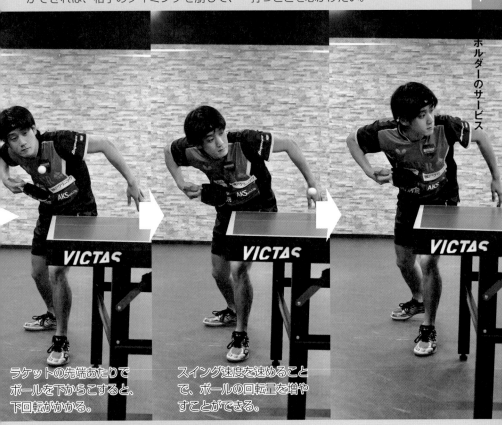

ラケットの先端あたりでボールを下からこすると、下回転がかかる。

スイング速度を速めることで、ボールの回転量を増やすことができる。

POINT 2

先入角度を低くして
サービスを出す

　下回転のサービスを出すときの先入角度は、できるだけ台に対して低い位置にすることがポイント。そうすることでボールの回転量が多くなり、キレのある安定したサービスが出せるようになる。相手コートで2バウンド以上させる距離感が理想。

フォアハンド　横回転サービス (右)
効果的なタイミングで出し、ストップを封じる

フリーハンドの手のひらに乗せたボールを真上に投げ上げる。

目で追いながらバックスイングをとる。

ラケットを下方へ振り下ろす。

POINT 1

サイドスピンをかける
横回転サービス

　右利きの横回転サービスは、ボールが時計回りに回転しながら右方向に飛んでいく。ヒジを高く引き上げ、できるだけ体の近くにラケットを引きつける。ラケットの先端を下に向け、ボールの内側（自分の体側）をこするように打つ。

グリップエンドを上に立ててインパクトする

ボールの横側を打って、サイドスピンをかける横回転サービス。ここでは、右利きの場合、ボールが時計回りに回転しながら右方向に飛んでいくサービスを解説。スイングではラケットの先端を下に向け、ボールの内側（自分の体側）をとらえてこするように打つ。相手のストップレシーブを封じるのに効果的だ。

ターのサービス

ボールの内側をとらえ、体の正面でこするようにインパクト。

ヒジを高く上げ、体の近くにラケットを引きつける。

打球後は力を抜く。

POINT
2

相手のストップレシーブを封じて3球目を優位に立つ

横回転サービスの目的は、相手レシーバーにストップをさせないこと。ストップがなければ、サーバーは基本的には長いレシーブだけを待てばよくなり、3球目を優位に持ち込める。相手のストップの技量を見極め、横回転サービスを効果的に使っていこう。

79

フォアハンド　横回転サービス (左)
ボールの外側をこするように打つ

真上にトスを上げる。

目を離さずにヒジを引きながらバックスイング。

上半身を回転させてすばやくスイングを行う。

動画をチェック！

POINT 1

ラケットを横向きに立ててインパクトする

　手首を内側に丸め、ラケットは横向きに面を立ててインパクトする。ボールの外側の真横をとらえて、こするように回転をかける。インパクトの後は、力を抜いて、いろいろな動作を入れてフォロースルーを工夫することで、相手を惑わす。

手首を内側に丸めるようにして打つ

　左横回転のサービスには、右利きの場合、ボールが反時計回りに回転しながら左方向に飛んでいく。ボールの外側をこするように手首を内側に丸めてインパクトするのが

ポイント。右回転の横回転サービスよりも難易度は上がるが、サービスのバリエーションを増やすためにもマスターしておきたい。

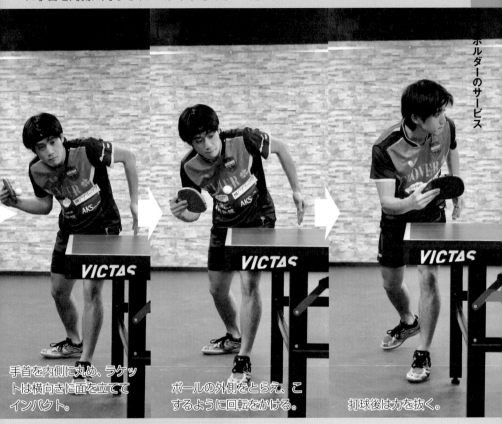

手首を内側に丸め、ラケットは横向きに面を立ててインパクト。

ボールの外側をとらえ、こするように回転をかける。

打球後は力を抜く。

POINT 2

上半身を回転させて すばやくスイングする

　握りやすいグリップに調整し、ヒジを引きながらバックスイングをとる。ラケットはサイドラインと平行になるように構え、スイングは上半身を回転させてすばやく行う。意識的に体をボールの位置まで近づけるとスイングしやすくなる。

フォアハンド　ナックル
ボールをこすらずに無回転ボールを飛ばす

ラケットと台が水平になる
ように構えてトス。

真上にトスを上げる。

目を離さずにヒジを引き
ながらバックスイング。

POINT
1

下回転サービスのように
バックスイングをとる

　トスを上げたら、ボールの落下をよく
見ながらバックスイングをとる。下回転
サービスと同じようにラケットのフォア
面を上に向ける。ラケットと台が平行に
なるように構え、ヒジを支点にしてスイ
ングの動作につなげていく。

下回転サービスと併用して相手を惑わせる

ナックルサービスは、下回転サービスのような動きから、ボールを切らずに手首を固定したまま押し出すことで回転をかけずに打つ。相手がストップかツッツキのレシーブをしてくれば、浮いたチャンスボールになる。スイングは水平状態のラケットに少し角度をつけ、ボールをこすらず、当てるようにインパクトする。

下回転サービスの動きのようにスイング。

こすらずに、押し出すように当てる。

インパクト後はフォア面を上に向けておく。下回転サービスと同じようにフォロースルーをとる。

POINT 2

ボールをこすらずに押し出すようにインパクト

水平状態にあるラケットに少し角度をつけて、ボールに当てるようにインパクトする。このとき、ラケットの中心にボールを乗せるようなイメージで押し出す。ラケットとボールの間に摩擦が起きると回転がかかるので注意したい。

83

フォアハンド　横下回転サービス
真下と真横の間をこすってインパクトする

動画をチェック！

真上にトスを上げる。

ボールをよく見ながら、ラケット面を上に向けてバックスイング。

下回転をかけるようなイメージで振り出す。

POINT 1

ヒジを高く引き上げて
バックスイングをとる

　トスを上げたら両腕を大きく開き、体を左右に伸ばすようにしながらヒジを高く引き上げてバックスイングをとる。バックスイング自体は下回転サービスとほとんど同じだが、そこから下回転を切るようなイメージで振り出す。

横回転のスイング動作から下回転をかける

　横下回転サービスは、横回転と下回転のそれぞれの特徴を併せ持つサービス。右利きの場合、相手のコートでバウンドした後に、ややストップがかかりながら右方向へ曲がっていく軌道になる。手首を動かしながらラケットをスイングし、ボールの側面と真下の中間あたりをインパクトしてフォロースルーをとる。

ボールの横下をこすってインパクトする。

フォロースルーでは力を抜く。

すばやく待球姿勢をつくる。

POINT 2

ボールの横下をこすって切るようにインパクトする

　打点はボールの横下（内側の下あたり、側面の方）を狙ってこする。インパクト後は、ボールに横回転をかけたようなフォロースルーをとることがポイント。低い位置からサービスを出すと、強力な回転をかけることができる。

PART4

85

フォアハンド　逆横下回転サービス
難易度の高いサービスで得点を狙う

動画をチェック！

真上にトスを上げる

ラケットを上に向け、トスを上げると同時に腕を開く。

右利きの場合、左足へ徐々に重心を移動させる。

POINT 1

ヒジを上げて空間をつくり振りかぶるようにスイング

　右利きの場合、相手のコートでバウンド後に、ボールが減速しながら左方向へと軌道が変わっていく。左横回転サービスと同様に、ヒジを高く引き上げて空間をつくり、手首を折り曲げてインパクトするスイングにつなげる。

逆横回転サービスと併用して相手を惑わせる

逆横下回転サービスは、サービスエースを狙えるような難易度の高いテクニック。下回転と横回転をかけて、強いチキータやフリックを封じることができる。一連のフォームが左横回転サービスとよく似ているため、相手を惑わせてレシーブミスを誘えるとよいだろう。勝負をかけたい場面で使うと効果的だ。

手首を折り曲げ、ボールの外側を斜め下にこする。

ラケットとボールの接地時間を長くすると強い回転がかかる。

重心をしっかり左足に乗せた状態でフィニッシュ。

POINT 2

ラケットとボールの接地を長くすると強い回転がかかる

インパクトは、水平にしたラケットの下部分で、手首を使ってボールの外側を斜め下にこする。このとき、フォア面の下の部分にボールを当てて、ラケットとボールの接地時間を長めにすると強い回転をかけることができる。

バックハンド　下回転サービス
バックハンドからサービスを出して目先を変える

大きめのフォロースルーを入れる。

面が上向きで水平になっていれば、ボールの下をとらえやすい。

ボールの下をこするようにインパクトする。

POINT 1

上半身を捻り
ラケットを胸の位置まで引く

　トスを上げたら、上半身をわずかに捻り、ラケットを左胸の位置まで引いてバックスイング。このとき、利き手の反対の腕は高めに上げてバランスをとる。インパクトをしたらラケットを低い位置で止めると、強い下回転がかかる。

逆横回転サービスと併用して相手を惑わせる

逆横下回転サービスは、サービスエースを狙えるような難易度の高いテクニック。下回転と横回転をかけて、強いチキータやフリックを封じることができる。一連のフォームが逆横回転サービスとよく似ているため、相手を惑わせてレシーブミスを誘えるとよいだろう。勝負をかけたい場面で使うと効果的だ。

胸の位置までバックスイングをとったラケットを勢いよく振り下ろす。

真上にトスを上げる。

構える位置はややバック寄りに立ち、両足を肩幅よりも広く開く。

POINT 2

勢いよく振り下ろし
ボールの下をとらえる

　上半身を正面に向けながら、ラケットを勢いよく振り下ろす。インパクトではラケットを水平に、バックの面が上を向いた状態でボールの下をとらえてこする。立ててしまうと回転がかからないので、面の角度はきちんと意識したい。

バックハンド　右横回転サービス
ボールを下から上方向にこすり上げる

フォロースルーをとる。

ヒジを支点にラケットを
引き高い打点から打つ。

なるべく低い打点で
ボールをとらえる。

POINT 1

ヒジを下から真上に引き上げ
ボールをうすくとらえる

　インパクトは、落下してくるボールに
対して、ヒジを下から真上に引き上げる
イメージでボールをうすくとらえるのが
ポイント。適度に力を緩めたグリップで、
手首を意識しなくとも簡単にボールを鋭
くこすり上げることができる。

ヒジを下から引き上げる感覚でボールをとらえる

バックハンドの横回転サービスは、下回転サーブと同じようなフォームからボールをとらえる瞬間にラケットを下から上に引き上げるとやや横上回転になる。グリップは強く握らず、柔らかく握ることで、面の角度を調整しやすくする。レシーブで強打されないためには、ネットすれすれにコントロールしたい。

インパクトまでは下回転サーブと同じようなフォームを意識する。

ラケットを下から上に引き上げる。

トスを真上に投げ上げる。

POINT 2

バックサイドから相手のバックサイドに出す

バックの横回転サービスは、バックサイドから相手のバックサイドに出すのが基本。状況によってはミドルからミドルやフォア前に出すのも有効だ。ただし、フォア前に出すときはネットより高すぎると強打されるので注意が必要。

バックハンド　ナックルサービス

ボールをこすらず面に当てるように打つ

動画をチェック！

フォロースルーでボールを
切ったように見せる。

面の真ん中くらいにボールの
側面を当てる。

腹の前あたりでボールを
とらえる。

POINT
1

こすって回転をかけないように
面で当てるようなイメージ

　バックハンドの下回転サービスのように打てると、相手の目先を変えることができる。重要なのは、ボールに対してラケット面で当てるようなイメージでインパクトすること。ボールをこすると回転がかかってしまうので注意したい。

下回転のように見せかけて相手を惑わす

バックハンドのナックルサービスはフォアハンドと同様、相手はレシーブで回転をかけたり、角度を決めてボールを抑えて返さなければならない。自分からラケット操作をコントロールしないとうまく返球できない難しさがある。フォームが似ている下回転サービスと織り交ぜて使うことで、より効果がアップする。

ヒジを折り曲げて小さくバックスイングをとる。

トスを体の前に上げる。

ラケットを体の前で構える。

POINT 2

フォロースルーで
ボールを切ったように見せる

インパクト直前までは、ほぼ下回転サービスと同じ動き。スイングスピードを変えないことが大事。インパクトしたら曲げていたヒジを伸ばしてラケットを振り切る。フォロースルーで、ボールを下から切ったように見せると、相手に下回転サービスと迷わせることができる。

ロングサービス
自陣エンドラインに落としてロングサービスを出す

ショートサービス　　　　　　　　**ロングサービス**

サービスの長さは、インパクト直後のワンバウンド目を自分のコートのどこに落とすかで調整する。自分の体から近い位置に第1バウンドを落とし、勢いのある低い弾道で出すと、スピードのあるロングサービスになる。

第1バウンドを体の近くで弾ませる

　毎回同じような長さのサービスでは相手も次第に慣れ、対応しやすくなる。ショートサービスを使うなかでで横回転や横下回転系のロングサービスを織り交ぜ、相手レシーブの的を絞りにくくする。

　チキータが得意な相手ならば、ロングサービスの割合を増やす戦術も有効だ。

スピードのあるロングサービスを打つには、自分の体から近い位置に第1バウンドを落とすことがポイント。勢いのある低い弾道で出すと、相手コートのエンドライン付近を突くことができる。チキータ封じとしても有効だ。

PART 5

ペンホルダーを生かした戦術を
マスターする

ペンホルダーの戦術
攻撃的な戦術からポイントを奪う

サービス＆レシーブ後の攻撃の組み立てを考える。

３球目攻撃や４球目攻撃で得点チャンスをつくる

　得点パターンは、サービス側の「３球目攻撃」とレシーブ側の「４球目攻撃」が基本。ラリーが長くなるほどサービス側の優位性は薄れる。サービス側はいかにサービス（１球目）で相手のレシーブ（２球目）を崩し、３球目で攻撃できるか。レシーブ側は相手のサービス（１球目）で崩されずにレシーブ（２球目）し、相手の返球（３球目）を甘くして４球目で攻撃できるかを考える。

　本書ではペンホルダーでの３球目と４球目の攻撃パターン解説しているが、自分の得意なショットを組み合わせ、バリエーションを増やしていこう。

POINT 1

多彩なサービスで
3球目攻撃のチャンスをつくる

　実力に大きな開きのない者同士の対戦ならば、サービス権を持つ側が圧倒的に有利だ。球種を読まれないようなサービスで主導権を握り、相手のレシーブを甘くさせたところをドライブやフリックなどで決定打としよう。

POINT 2

レシーブで相手の意表を突き
4球目攻撃の布石を打つ

　試合では相手のサービスをどう攻略するかが一つのポイント。サービスの球種とコース、長さを見極め、レシーブで意表を突いたり、相手の3球目を自分の得意なコースに打たせることができれば、4球目にチャンスが訪れる。

POINT 3

チキータを積極的に使い
レシーブの不利を打開する

　両面打ちのペンホルダーであれば、レシーブで積極的にチキータを使いたい。習得はやや難しいものの、強烈な横回転がかかると相手のミスを誘いやすい。相手の3球目がバック側にきたときは、4球目で的を絞った攻撃がしやすくなる。

プラスワン アドバイス +1

サービス時は2点を連取し
レシーブ時は1本に集中する

　卓球のシングルスでは、デュースまではサービスを互いに2本ずつ打つ。自分のサービス時は、できるだけ2点を連取する気持ちでいきたい。逆にレシーブ時は、相手サービスの2本中1本を取ればいいと考えておくと、必要以上の重圧を感じずに済む。

三球目攻撃①
相手のツッツキを読んで攻める

動画をチェック!

　ペンホルダーのフォアハンドサービスでは、サービスが出しやすいグリップの握りに調整する。どんなサービスを打つかわからないような構えからトスを上げる。

　相手のフォアハンド側に短いサービスを出す。そこでツッツキのレシーブをさせるには、横回転系か下回転系のサービスが効果的。甘いサービスでは、レシーブから攻められてしまうので、できるだけ鋭く回転をかけた短いサービスにする。

　狙い通りのサービスを打つことができれば、相手は厳しいツッツキを出せない。浮いたレシーブにフットワークを使って追いつく。

3球目を豪快なドライブで振り抜いてポイントをとる

横回転系か下回転系のショートサービスで、相手にツッツキのレシーブをさせ、ドライブで3球目攻撃を仕掛ける。時間的な余裕があれば、バックハンド側にきたボールでもまわり込んで豪快に振り抜く。ドライブはストレート、ミドル、クロスと3コースにしっかり打ち分けられる精度を身につけておきたい。

4

チャンスボールは、攻撃的な打法でウイニングショットとすることが鉄則。ドライブは、腰を落としてバックスイングをとり、腰の捻りを生かして、ボールを下からこすり上げるようにインパクト。

5

十分な構えからクロス、ミドル、ストレートと3コースに打てるようにしておくと、攻撃の幅が広がる。コースを打ち分ける際も、できるだけ同じフォームで打てるように意識する。

＋1 アドバイス

ドライブはタメをつくって
相手にコースを絞らせない

ドライブで打つコースを相手に悟らせないためには、利き腕側の足にしっかり重心を乗せて、タメをつくることがポイント。これによって左肩が効果的に入り、相手はインパクトされてボールが飛んでくるまで、どのコースを突いてくるのか読みにくい。

三球目攻撃②
意表をつくロングサービスを効果的に使う

動画をチェック！

下回転サービスは相手コートで2バウンド以上させる距離感でボールを飛ばす。これに対してロングサービスは、相手コートのエンドライン際でバウンドするサービス。

スピードのあるロングサービスを相手コートのエンドライン際まで飛ばす。効果的に決まれば、相手はレシーブにつまって返球が甘くなる。

うまく相手のタイミングを崩すことができたなら、コースを狙った厳しいレシーブは返球できない。バックハンド側にきた浮いたボールに対して、足を動かしまわり込む。

レシーブを浮かせてドライブで攻撃する

相手のバックハンド側に横転回転や横下回転系のロングサービスを出す。下回転のショートサービスを予測した相手のレシーブをつまらせるのが狙い。特に相手バックハンド側のチキータは警戒しなければならないショットなので、ロングサービスを織り交ぜることでチキータを思い通りに打たせない効果もある。

4

チャンスボールは確実に決める。ドライブでは、腰を落としてバックスイングをとり、腰の捻りを生かして、ボールを下からこすり上げるようにインパクトする。

5

空いているコースに打っていくのが基本だが、相手の逆を突いたり、処理しにくい相手の体の中心（ミドル）を狙うのも有効。まわり込んでのクロスやストレート、ミドルなどいろいろなコースに打ち分けられるようにしておく。

プラスワン アドバイス

相手のミドル狙いを
まわり込んで打つ

相手は「対ペンホルダー対策」として、体の中心（ミドル）を狙って返球してくる確率も高い。そのボールに対し、簡単にバックハンドで返すのではなく、しっかりまわり込んでフォアハンドの強いボールを返球できることが勝負のカギ。

動画をチェック！

下回転サービスを相手の
バックハンド前に出す。相手
コートで2バウンド以上させ
る距離感で、低いボールを飛
ばす。

相手がチキータで返球。チ
キータは前進回転系の打球な
ので、相手はスピードと力で
押し込んでくる。

チキータの返球コースを読
んで、できるだけ体の前でボー
ルを打てる位置に移動する。

チキータを攻略して相手のレシーブを封じる

台上レシーブのチキータは、現代の卓球において欠かせないテクニック。レシーブ側からすると強打で返球できるため、攻撃的なレシーブにおいては必ず選択肢に入ってくる。サービス側としては、フォアハンドだけではレシーブを崩せない。あえてチキータを打たせて、そこからのバックハンドの三球目で決着をつける。

4

ボールをよく見て、小さめのバックスイングからバックハンドを合わせるように打つ。前陣で打つことにより、相手にとってカウンターとなり反応しにくい。

5

速いボールに対してのカウンターだけに、ギリギリのコースを狙っていくのは難しい。ミートを心がけて相手のミドルを狙うのがセオリー。

プラスワン アドバイス
+1

チキータに対応することで相手を追いつめる

対シェイクハンド戦では、相手のチキータをどう封じていくかがポイント。バックハンド前に出したサービスに対し、強打してきたレシーブを上手に対応できれば、相手を追いつめることができる。ショートサービスからのカウンターをしっかりマスターしておこう。

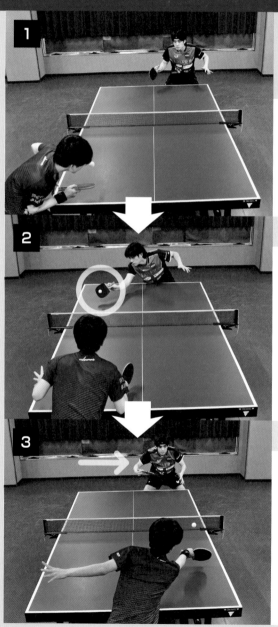

1

　相手がどんなサービスを打ってくるか、体やラケットの動きをしっかりと観察する。全身に力が入りすぎていると、すばやい反応ができない。

2

　ストップレシーブは、バウンド直後の低い位置でボールをとらえ、相手コートのネット際に落とす。手首を微妙にコントロールし、ボールの側面をとらえると横回転をかけることができる。

3

　うまくストップレシーブを決められれば、相手は強打を打ち込めない。同じストップでつなぐか、バック側にツッツキで返球してくる。狙い通りに相手に打たせることができたら、攻撃に転じる機会。

レシーブでも受け身にならずに積極的に攻める

レシーブから積極的に攻める4球目攻撃のパターンを考えていく。相手のサービスをストップレシーブでつなぎ（2球目）、相手がバックサイドにツッツキをしてきた

ボールを待ち構えてバックハンドのドライブで打ち込む。4球目に備えて、2球目を打ち終えたらすばやく元のポジションに戻り、待球姿勢をつくっておく。

4

相手の返球に対して、待ち構えてバックハンドのドライブの準備に入る。インパクトはボールの頂点よりやや前を狙う。体の正面でとらえ、ボールの少し上をこするように打って回転をかける。

5

スイングの遠心力を生かしながら、手首のスナップを利かせてボールに回転をかける。バックスイングからインパクトまでを体の正面で行う。

＋1 アドバイス

2球目のストップレシーブを浮かせずに沈める

4球目のドライブでポイントをあげるためには、2球目のストップレシーブが重要になる。浮かせたり、甘いコースに返球すると、相手に3球目攻撃のチャンスを与えてしまう。インパクトの瞬間にラケットを握る力を緩め、相手コートのネット際に落とすこと。

意表をつくロングサービスに対応する

動画をチェック！

相手がどんなサービスを打ってくるか、体やラケットの動きをしっかりと観察する。

相手のロングサービスは、バックサイドかミドルサイドが狙い目。リラックスした構えからボールの正面に入り、コンパクトなバックスイングに入る。

インパクトはボールの頂点よりやや前を狙う。ボールを引きつけて、少し上をこするように打って回転をかけてストレートのコースを狙う。

相手の狙いを読んで冷静にレシーブをコントロールする

レシーブの読みでショートサービスばかりに比重を置きすぎてしまうと、相手のロングサービスに崩されてしまう。相手の狙いを予測した上で、ロングサービスに対応する4球目攻撃を身につけておく。伸びてくるボールに対して、コンパクトなスイングでコースを狙ったレシーブを心がけ、4球目を待つ。

4

相手をフォアハンド側に動かし、返球がやや甘くなったところを狙う。この場合はクロスに返球がくることが多いので、しっかり足を動かしフォアハンドドライブの準備。

5

ボールを引きつけフォアハンドドライブをクロスに打つ。クロス、ミドル、ストレートと3コースに打てるようにしておくと、攻撃の幅が広がる。コースを打ち分ける際も、できるだけ同じフォームで打てるように意識したい。

プラス ワン
+1 アドバイス

ドライブを主体に
ラリーを制する

ラリーが長くなれば、それだけ数多くの打法を駆使していく必要がある。なかでもドライブは決定打でもあり、つなぎのショットともなりうるテクニック。どのような場面でも精度の高いドライブが打てるよう、体の使い方やボールに対するアプローチを練習しておく。

四球目攻撃③
レシーブのチキータで一気に主導権を握る

動画をチェック！

1

相手の体やラケットの動きをしっかりと観察する。どのサービスにも対応できる準備をしておくことはレシーブ時の鉄則。この時点では主導権はサービス側にある。

2

相手のサービスが甘いとき、あるいは3球目の準備に隙があるときは積極的に攻める。ここではチキータレシーブを選択。ヒジを上げ、ラケットのフォア面を上に向けて手首を内側に捻る。

3

曲げていたヒジを伸ばして、腕を大きく振り上げるようにスイングする。相手が台から近い前陣の位置にポジションをとっていたら、コーナーいっぱいを狙った深いボールが効果的だ。

チキータで押し込んだらバックドライブで決めに行く

　4球目攻撃における2球目のレシーブは、必ずしも「受け」や「つなぎ」と考えなくてもよい。相手に隙があると感じたら、積極的に攻撃し、一気にラリーの主導権を握ってしまおう。その際、攻撃的な台上テクニックとして、チキータやフリックが効果的。相手が3球目をつないできたところでとどめのショットを打つ。

4

　押し込まれた相手は、3球目で前陣のバックドライブやバックフリックなどでつなぐしかない。苦し紛れに打ってきたボールを見逃さずに、次の4球目でしっかり決め切る。

5

　スイングの遠心力を生かしながら、手首のスナップを利かせて、バックドライブを放つ。空いているストレートを抜く。相手がそれを読んでいたら、逆を突いてバッククロスを狙っていく。

＋1 アドバイス

チキータをマスターして
レシーブ力をアップする

　チキータは腕を変則的に使わなくてはいけないため、初級レベルのプレイヤーにとっては習得がやや難しい。しかし、どんな回転のボールに対しても攻撃していける点からも、身につけてしまえば、これほど頼りになるテクニックはないと言える。

ペンホルダーの練習
弱点を克服しながら長所を伸ばす

ペンホルダーのプレーヤーとして上達するために、必要なトレーニングを理解する。

目的を持った練習メニューを取り入れる

ペンホルダーの強みといえば、フォアハンドの強さと台上の繊細なラケット操作だ。一方でフォアハンドとバックハンドの切り返しやミドルでの打球は、対シェークハンドのプレーヤーに狙われるポイントだけに弱点であるなら放置できない。

積極的に弱点を克服するための練習メニューを取り入れる。また、卓球選手としてより成長をしていくためには、ボールを打つ以外の練習も大事。特に体幹トレーニングやストレッチングは、卓球のパフォーマンスを高めるだけでなく、コンディショニングの維持にも役立つ。

POINT 1

フォアハンドや台上技術を
よりスキルアップする

　ペンホルダーの長所であるフォアハンドや台上技術をよりスキルアップしていく。実戦的な練習のなかでショットの精度を高めることがポイント。あわせてサービスからの3球目、レシーブからの4球目の攻撃パターンも磨いていく。

POINT 2

フォアハンドと切り返しを
打球練習で強化する

　ペンホルダーの弱点とされるのがフォアハンドとバックハンドの切り返しの部分。相手に狙われることを想定して、ボールを打つ練習をする。球出しパターンや返球方法をアレンジしてどんなボールでも対応できるスキルを身につける。

POINT 3

体幹の筋肉を鍛えて
強いボールを打つ

　卓球選手には、筋骨隆々の体は必要ない。しかし、相手とのラリーの中で体勢を崩されても「体幹の筋力」によって、姿勢をキープして強いボールを打つことが可能になる。地道なトレーニングだが打球練習と合わせて取り組んでいく。

プラスワン +1 アドバイス

ストレッチで体をケアして
質の高いプレーをする

　練習や試合前のストレッチは、体を温める効果と、疲労を軽減する効果が期待できるので積極的に行う。卓球前の習慣として、ストレッチを導入することでケガを防止し、プレー後のストレッチでは、疲労物質を体から取り除くことができる。

台の中央に立ち、待球姿勢でボールを待つ。

動画をチェック！

フォアハンド側にきたボールに対し、足を動かしボールに寄ってフォアハンドで返球する。

続けてミドルにきたボールに対しても足を動かし、フォアハンドで返球する。

切り返し練習①
フォアハンド ×
フォアハンド

　フォアハンドとバックハンドがそれぞれ上達したら、ラリーのなかでそれぞれ精度の高いボールが打てるよう練習する。最初はフォアハンドを連続で返球する。球出しは、フォアハンド側、ミドル（真ん中）に交互にボールを出し、練習はそれぞれをフォアハンドでドライブで返球する。

プラスワン **+1** アドバイス

三歩移動を使って
左右のボールを追う

　台に対して左右に振られたときの動きは、「三歩移動」で対応するのが基本。進行方向に「1歩」踏み出し、逆足を寄せて「2歩」、さらに最初の足を踏み込んで「3歩」目でスイングする。現代の卓球では「二歩移動」を使うトップ選手も多い。

ラリーでは、フォアハンドからバックハンド、バックハンドからフォアハンドへの切り返しがポイント。特にペンホルダーは、バックハンドやミドルを狙われる傾向がある。フォアハンド側、バックハンド側に交互にボールを出してもらい、練習はそれぞれをフォアハンド、バックハンドで返球する。

切り返し練習②
フォアハンド ×
バックハンド

動画をチェック！

台の中央に立ち、待球姿勢でボールを待つ。フォアハンド側にきたボールに対し、足を動かしボールに寄ってフォアハンドで返球。続けてバックハンド側にきたボールに対しても足を動かし、バックハンドで返球する。

+1 アドバイス

フォアハンドとバックハンドの
切り返しをスムーズにする

ペンホルダーの片面打ちの場合、バックハンドで腕を捻るような動作からスイングする。そのため、フォアハンドとバックハンドの切り返しがスムーズにできない面がある。両面打ちやシェイクハンドと比較し、弱点にならないよう切り返しの練習を徹底する。

フォアハンド側とバックハンド側にそれぞれボールを集め、2本ず返球する。どちらのサイドへも、足の動かしながら、ミスなく打球することが大事。フォアハンドだけに偏らず、バックハンドの強化を目的とするトレーニング。

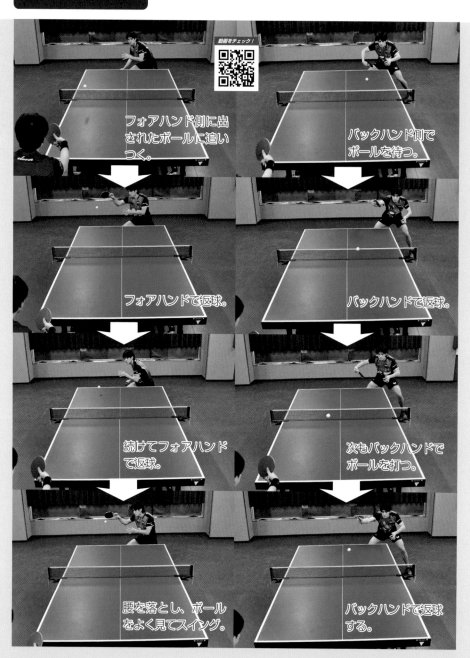

フォアハンド側に出されたボールに追いつく。

バックハンド側でボールを待つ。

フォアハンドで返球。

バックハンドで返球。

続けてフォアハンドで返球。

次もバックハンドでボールを打つ。

腰を落とし、ボールをよく見てスイング。

バックハンドで返球する。

動画をチェック！

練習②
フォアハンド1または2 ×
バックハンド1または2

フォアハンド側に1本か2本、バックハンド側に1本か2本を続けて出してもらい、練習①よりは不規則なパターンで打球練習する。そうすることでフォアハンドとバックハンドの安定性がつき、ボールへの対応力もアップする。

動画をチェック！

フォアハンド側に出されたボールに追いつく。

フォアハンドで返球。

腰を落とし、ボールをよく見てバックスイング。

続けてフォアハンドで返球。

バックハンド側でボールを待つ。

バックハンドで返球。

次はフォアハンド側でボールを打つ。

フォアハンドで返球する。

練習③
ミドル × フォアハンド
またはバックハンド

苦手なペンホルダーも多い「ミドル打ち」を取り入れて練習する。まずはミドルで1本返球し、続けてフォアハンド側かバックハンド側に1本出してもらい、返球する。続けてミドル、フォアハンド（またはバックハンド）で返球する。試合でもよく使うパターンなので、しっかり対応できるよう練習する。

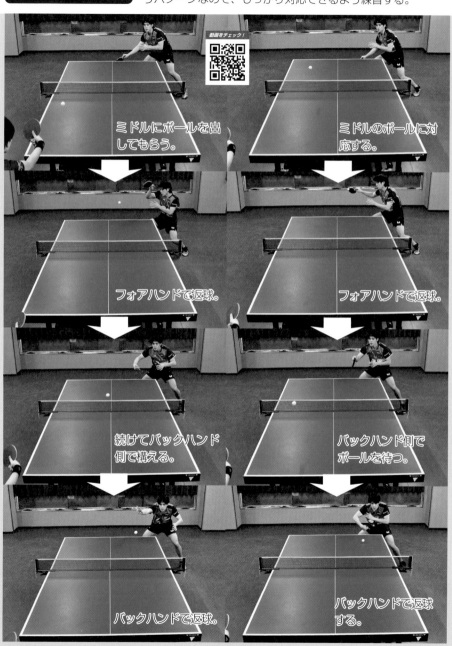

動画をチェック！

ミドルにボールを出してもらう。

ミドルのボールに対応する。

フォアハンドで返球。

フォアハンドで返球。

続けてバックハンド側で構える。

バックハンド側でボールを待つ。

バックハンドで返球。

バックハンドで返球する。

練習④
バックハンド
× 全面

バックハンド１本からスタートし、あとは全面でのラリーとなる実戦形式に近いトレーニング。ラリーで相手に打ち負けないよう、足をしっかり動かしボールを追う。フォアハンドとバックハンドの両面で精度の高い打球を心がける。

動画をチェック！

バックハンド側で
ボールを待つ。

ラリーを続ける。

バックハンドで返球。

ボールをよく見て返球。

次はフォアハンド側
でボールを打つ。

待球姿勢をとる。

フォアハンドで返球
する。

コースを狙って打つ。

117

卓球のラリーでは、常に安定した体勢からショットを打てることがポイント。体勢が崩れた状態では、力強いボールが打てなくなる。バランスのとれた体勢を保つためには、体幹を鍛えることが大事。練習で体幹トレーニングを取り入れて、土台のしっかりした安定感のある体を目指そう。

プランク

両ヒジから先と両足のツマ先を肩幅程度に開いて床につける。
背中からお尻、脚の背面のラインが曲がらないように気をつけながら、
バランスを保ちその場でキープ。20〜30秒程度を3セット行う。

サイドプランク

横を向き片方のヒジから先と片足を床につける。床につけていない手は腰にあてる。
頭からツマ先までが一直線になるイメージで体をキープ。20〜30秒程度を3セット。

スクワット

両足を肩幅よりも広く開いて立ち、姿勢を真っすぐにしたまま少しずつ腰をおろす。ヒザが90度近く、または太モモが床と平行になる程度の位置でキープ。お尻から太モモへの筋肉に刺激を与える。20〜30秒程度を3セット。

左ページの体勢で片手と片脚を上に真っ直ぐあげる。自分のできる範囲で高さを調整し、姿勢が崩れないように気をつける。お尻や太モモといった下半身の筋肉にも刺激が加えられる。20〜30秒キープを3セット。

練習や試合の前には、必ずストレッチで体を温めることが大事。股関節や手首、肩などを中心に体全体の柔軟性を高めると、パフォーマンスもアップする。

脚のストレッチ

床に座り片脚は伸ばして、反対側は曲げた状態にする。手は足のツマ先を持ち、伸ばした足の方へ上体を倒していく。伸ばした脚の筋肉がほぐれるのを感じながら、左右交互に行う。10〜20秒を3セット。

股関節のストレッチ

床に座りヒザを曲げて両足の裏をつける。両手で足の先を持ちながら、両ヒザを床に近づけるようにしながら股関節を伸ばす。姿勢は真っすぐにしたまま、自分の可能な範囲で行う。10〜20秒を3セット。

お尻のストレッチ

床に座り曲げた片脚の上に反対側の曲げた脚を乗せる。両手は両足先を持つ。お尻や太モモの筋肉がストレッチされる。左右の脚を入れ替えて同様に行う。10〜20秒を3セット。

股関節まわりのストレッチ

床に片手の平をつき、同じ側の脚は伸ばす。反対側の手はヒジを床につけて手の先を内側に向ける。ヒジをつけた側の脚はヒザを立てて足先をヒジの横におく。この姿勢をキープし、反対側も行う。曲げた脚の太モモ内側やお尻の筋肉も伸びる。10〜20秒を3セット。

太モモのストレッチ

片脚を伸ばし、反対側の脚を曲げてお尻の下にカカトがくるようにして床へ座る。両手は床につき、曲げた脚の太モモの筋肉を伸ばしていく。反対側の脚も同様に行う。10〜20秒を3セット。

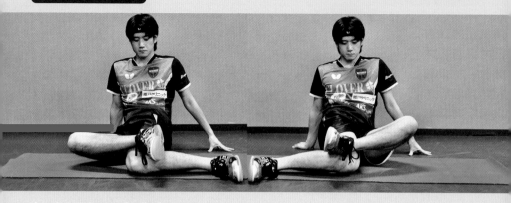

床に座り両脚のヒザを曲げて同じ方向へ足裏が向くようにする。内側の太モモが見える方の脚を上にし、両脚を重ねる。両手は体を支えるようにやや背面側に置く。上の脚のヒザを床につけるような気持ちで太モモをストレッチ。左右の脚を入れ替え同様に行う。10〜20秒を3セット。

腰のストレッチ

仰向けで床に寝てから両脚をあげて、両脚のツマ先を頭の先につける。両手は腰を持ち、体を支えながら太モモ裏側の筋肉が伸びていることを意識する。両脚が頭の先までつかないときはできる範囲で行う。10〜20秒を3セット。

腰のストレッチ

仰向けで床に寝て片脚は伸ばしたまま、反対側の脚を横へ倒して片手でおさえる。視線と上半身は上に向くような体勢にする。体を捻ることで腰がストレッチされる。反対側も同様に行う。10～20秒を3セット。

肩のストレッチ

片腕を横に伸ばし、伸ばした腕のヒジあたりを反対の腕でおさえ、その状態をキープ。伸ばした腕側の肩関節が十分に伸びるのを確認する。肩周辺や上腕三頭筋が伸びる。左右を入れ替えて反対側の腕も同様に行う。左右10～20秒を3セット。

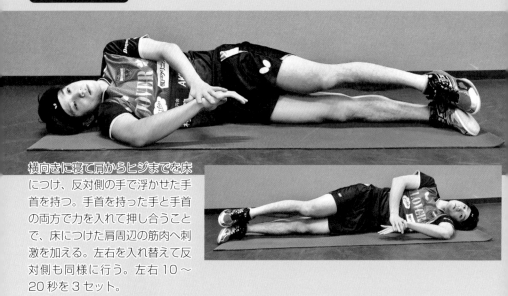

横向きに寝て肩からヒジまでを床につけ、反対側の手で浮かせた手首を持つ。手首を持った手と手首の両方で力を入れて押し合うことで、床につけた肩周辺の筋肉へ刺激を加える。左右を入れ替えて反対側も同様に行う。左右 10 〜 20 秒を 3 セット。

肩のストレッチ

片腕を頭の後ろへまわし、ヒジを反対側の手でおさえる。ヒジを下へ押すようにしながら、僧帽筋や上腕三頭筋をほぐして肩関節の可動域を広げる。左右を入れ替えて反対側の腕も同様に行う。左右 10 〜 20 秒を 3 セット。